Stéphane Ternoise

Peut-être un roman autobiographique

Roman

Ebook

Sortie numérique : 11 novembre 2011
Impression à la demande : 8 septembre 2013

ISBN 978-2-36541-401-2
EAN 9782365414012

Ce roman est une mise en perspective de *Ils ne sont pas intervenus (le livre des conséquences)*

Peut-être un roman autobiographique

Première partie

L'ensemble des causes d'un phénomène est inaccessible à l'intelligence humaine, mais le besoin de rechercher des causes est inscrit dans l'âme de l'homme.

Tolstoï, *Guerre et Paix*

La fois suivante, je me suis caché derrière le chêne. J'avais retenu la leçon : je n'irai plus chez monsieur le maire, je ne le réveillerai plus en pleine nuit, ne lui bafouillerai plus d'appeler les gendarmes, qu'*il* veut nous tuer, qu'il faut faire vite ; j'attendrai, tremblotant, fixant la fenêtre de la cuisine, la cour, l'étable, la route, la ruelle, les ronces ou la maison d'en face, retenant mes larmes, serrant ma lampe de poche bleue en réfrénant l'envie de l'allumer (ce serait trahir ma cachette), priant leur Dieu sans y croire ; j'attendrai, tout simplement, sagement, derrière le chêne, qu'*il* se rendorme, qu'*il* se rendorme ou les massacre et me cherche...

*

Je cours, m'arrête, me retourne. *Il* ne me suit pas. Ma main gauche contrôle la veine droite de mon cou. Peur supplémentaire : je me souviens *"si tu fonces comme un cheval fou tu vas attraper une crise cardiaque."* Mais il faut courir : la place, l'abribus. Nouvel arrêt : une autre peur : la lune donne un air de monstre à la bâtisse du puits, là où "Marie Groette" happe les enfants imprudents, les entraîne au fond de la terre (légende locale, traumatisante, manière grossière d'inculper les dangers), et après viendra la terrible rue ; les rues n'ont pas de plaque, s'appellent donc "principale", "de l'église" et "de monsieur le maire" car il habite la dernière maison, l'immense ferme, à gauche ; même éclairée par la lune, c'est impossible, mes jambes tremblent, je n'y parviendrai

7

jamais ; mais ma mère me l'a crié : "*va chez Lucien, qu'il appelle les gendarmes, dis-lui qu'*il *veut nous tuer.*"

La mémoire exagère le temps et la distance. Il me reste l'impression d'avoir parcouru des kilomètres. Je sais pourtant avec certitude : sept cents mètres et des poussières.

Il était trois heures, trois heures du matin, j'avais dix ans. Il gelait. C'était en 1978, dans un village du Pas-de-Calais : Hunier, vingt et une maisons, soixante-sept habitants, pas un diplômé, des agriculteurs.

Presque trente ans plus tard, ce qui me choque le plus, c'est qu'il ne m'ait pas raccompagné, monsieur le maire. J'avais frappé à sa porte, l'ouvrier avait ouvert quand j'hésitais entre continuer ou repartir ; avant toute parole, il fixa sa lampe sur mon visage et comme un automate j'articulais mon nom et mon prénom ; je ne sais plus comment je lui ai expliqué la situation mais il bougonna et deux mots furent compréhensibles "*chercher patron*"; il referma ; l'attente dura de nouveau une éternité puis notre divin édile est apparu, me laissa dehors, me rassura, oui oui il allait téléphoner aux gendarmes, je pouvais rentrer chez moi... quelques secondes et la clé tournait dans la serrure... Je restais là, figé, ne me sentant plus la force de marcher... le froid m'a sorti de cette torpeur et j'ai couru sans m'arrêter jusqu'au chêne.

*

Ce soir-là, vers dix heures, *il* s'était relevé. *Il* : mon père. Très jeune, j'ai peut-être articulé "papa." Sûrement pas. Dans ma mémoire aucun souvenir, ni même qu'il me l'ait demandé. C'était IL. Il avait arraché la prise de la télévision en passant, était descendu à la cave, remonté avec deux bouteilles de vin rouge, vidées "dans l'autre pièce", vidées de manière classique : verre après verre, avec juste la pause nécessaire pour le remplir.

Ce fut comme s'il retournait se coucher ; la télévision, je l'avais rebranchée, un film avec Louis de Funès et Yves Montand, mais la prise vola de nouveau ; pas même le temps de le maudire qu'il avait sorti la serpe de sous sa chemise, et la table en chêne subissait un énième outrage. Tout en baragouinant il regagna la cuisine ; nous l'avions entendu ouvrir son fusil, y charger trois cartouches. Quelques secondes plus tard, nous avions compris : "*le premier qui fait un pas en haut, il va voir ce que c'est qu'un coup de fusil dans la gueule et si j'entends encore cette télé, je redescends vous zigouiller.*"

Je traduis : le patois était sa seule langue dans ces cas-là. Le patois de là-bas, une variante du ch'timi popularisé.

*

Nous n'avions pas osé tenter le diable, nous nous étions endormis assis sur des chaises, les bras repliés sur la table. Ce n'était pas la première fois.

C'est donc vers trois heures qu'il est réapparu, fusil en mains. Il a gueulé qu'il allait nous zigouiller. Nous nous sommes sauvés dehors…

*

Trois heures du matin, il gelait, j'avais dix ans, j'étais en pantoufles et monsieur le maire ne m'a même pas ramené. Un brave homme, ils prétendaient, ce Lucien, et malin : quand "l'équipement" avait regoudronné les routes, il en avait profité pour faire vider quelques camions chez lui, ainsi réaliser gratuitement la cour la plus propre du village.

J'ai perdu la sensation du froid de cette nuit-là, il me reste juste de la peur, qui peut remonter ; là, trois décennies plus tard, j'ai dix ans. Je n'ai plus peur mais je peux revivre cette peur. Je peux comprendre d'autres peurs.

*

Ma mère me cherchait. *Où t'étais parti ?* Il s'était rendormi. Elle fut catastrophée. Qu'avais-je fait ! Elle m'avait pourtant crié "*va chez Lucien, qu'il appelle...*" Idiot que j'étais, c'était pour l'apeurer, qu'il retourne se coucher. Qu'allait dire monsieur le maire ?! Tout le monde allait savoir ! Les gendarmes n'arrivaient pas... nous avons osé monter les escaliers, ma mère finirait la nuit avec ma sœur.

*

Une cuisine salle du manger ordinaire et "de l'autre côté", salle de réception, avec, depuis 1976, une télévision (noire et blanc). Une cloison sur trois mètres a dessiné un couloir se ponctuant d'un côté par la porte d'entrée (jamais fermée à clé durant la journée, quand, du lundi au samedi, le boulanger entre et dépose un pain sur la table), de l'autre par un rideau. Avant ce rideau, sur la gauche, une porte, vers une petite pièce remplie des vieilles affaires de ma grand-mère, quasi débarras à traverser pour accéder à l'escalier, ses douze marches, son couloir ; sur la droite les trois chambres, d'abord la mienne, minuscule, celle de ma sœur et celle, au bout, des parents. J'y ai dormi dans cet antre du monstre et sa soumise ; jusqu'à 5-6 ans ; j'avais un lit à barreaux juste à côté de ma mère ; aucun autre souvenir ; ma sœur occupait la chambrette devenue la mienne tandis que celle du milieu était fermée, *"réservée lors de l'arrangement"* par ma grand-mère.

*

La salle "de réception" : toujours propre. S'il passe avec ses bottes imbibées de litière ou boue, ma mère s'empresse de nettoyer. Au cas où quelqu'un viendrait ! Surtout que "les gens" ne puissent pas colporter qu'elle n'entretient pas correctement son intérieur. Une femme doit savoir tenir sa maison, repasser le linge, préparer des gâteaux, des tartes, servir de bons plats…

*

Bien avant de pouvoir l'exprimer, la fragilité de l'existence m'était évidente. M'est-elle apparue trop tôt ? Je ne sais pas, finalement. J'avais peur de mourir. Même de maladie, à cause des *"tu vas crever…"*, de tuberculose, d'asthme, du cancer. Mais aussi d'une chute de tuile, d'un oreiller écrasé sur la tronche, d'un coup de couteau, d'un accident de voiture, d'une roue de tracteur…

*

Les gendarmes sont venus. Le lendemain. Un peu après midi. J'étais tout juste rentré de l'école. Je croyais qu'ils allaient enfin nous en débarrasser mais ils ont bu l'apéritif avec lui. Ma mère les a servis.
Oui, il avait bu un verre de trop la veille mais ça arrive à tout le monde, n'est-ce pas ? C'est la vie ! Il ne comprend pas quelle mouche m'a piqué d'ainsi réveiller monsieur le

11

maire ; j'ai dû faire un mauvais cauchemar ; ça m'apprendra à regarder la télé ; décidément les gens vont encore dire qu'il n'a pas de chance avec un fils pareil, un fainéant qui ne l'aide même pas à la ferme ; il n'est plus maître de moi ; si ça continue il va devoir m'envoyer en maison de correction…

Et ces deux pandores le croient ! Reprennent un Ricard, sourient. Je fixe la bouteille, envie de la briser.

Je me tais, pensant "au moins je ne verrai plus ta gueule." Mais au même moment me revient une habituelle menace : *"un jour quand tu rentreras de l'école, ta mère sera pendue au bout de la fourche."* (traduction)

La fourche : une grande fourche rouge à quatre dents, devant le tracteur, qui permettait de transporter des ballots de paille ou d'effectuer une fois par an la litière des veaux. Ma mère transpercée, sanguinolente au bout de la fourche rouge : c'était l'un de mes cauchemars.

J'avais dix ans, ça durait depuis des années, cette vie d'enfant d'alcoolique, avec pour seules issues notre mort ou la sienne.

*

Notre honorable Lucien a-t-il appelé les gendarmes durant la nuit ou le matin ? Je ne m'étais jamais posé la question. J'ai longtemps accusé, maudit, ces crétins à képi. Aujourd'hui j'hésite : monsieur le maire a sûrement jugé préférable de ne pas les déranger à une heure indue. Mais alors, si le monstre nous avait assassinés ?

*

Quand les rideaux sont tirés, un agriculteur fait ce qu'il veut chez lui. Le seul maître après Dieu (bien pratique leur Dieu ! Si Dieu ne le voulait pas, il

interviendrait, s'il n'intervient pas c'est qu'il le veut !…
Donc nous devons nous incliner).
Une femme n'a aucun droit, me répète ma mère.
Si l'agriculteur tue sa femme, ses enfants, il sera
condamné. Mais personne, avant, n'interviendra. La
limite, c'est donc de ne pas tuer. Ou alors, maquiller le
meurtre en accident. Le reste, c'est une affaire de famille.
"*Dans toutes les maisons, il y a des histoires de famille.*"
 "*Harcèlement moral*" et "*menaces de mort*" n'existaient
pas.

*

Son odeur : mélange de fumier, tabac *caporal coupe fine*,
vin rouge, sueur et faisandé. Il se rasait chaque matin mais
je ne l'ai jamais vu se laver. Après avoir mis ses habits du
dimanche, il s'aspergeait d'eau de Cologne.

*

Je sais bien : ils sont nés à une époque où, en France, il
fallait encore lutter pour manger à sa faim. Travailler dur
pour récolter du blé, de l'orge et des betteraves ; ainsi
pouvoir nourrir les vaches et vendre le lait. Alors
personne ne se souciait vraiment des voisins. Les villes
inquiétaient, repaires des ouvriers, ces gens sans terre, qui
n'avaient qu'à se débrouiller.
Ils n'ont jamais pris le temps de se penser. Même dans
une ferme, ils l'auraient trouvé, le temps. Même en
trayant les vaches, réfléchir aurait été possible. Mais "ça
ne rapporte rien." Le certificat d'étude signifiait la fin de
l'enfance, fini le bon temps, tu dois gagner ton pain, être
utile, productif. Fini d'apprendre, on n'apprend pas toute
une vie ! De toute manière, il arrive un âge où le cerveau
ne peut plus ingurgiter !

Et si l'enfant étudie trop, il attrape une méningite !
Encore aujourd'hui, ma mère ressort parfois ces vieilles croyances.

*

Partir. Je voulais qu'on parte. À trois. Ma mère, ma sœur et moi. Mais où ? *Où veux-tu qu'on parte, où veux-tu qu'on aille ?*
Nous sommes partis, une fois, j'avais sept ou huit ans : trois jours, trois jours chez un cousin de ma mère, trois jours seulement car il avait deviné, était venu en tracteur, avait promis de ne plus "exagérer."

En rentrant : "*la prochaine fois, c'est avec le fusil que vous me verrez arriver et je vous zigouille tous, ton cousin, ta cousine aussi.*"
Ma mère avait pleuré : il n'avait pas trait les vaches, elles avaient attrapé des matons, le lait s'était caillé dans les pis, ne pourrait pas être vendu durant au moins une semaine…

*

Partir loin. Très loin. Pas possible !… Sinon il gardera la ferme, tout sera à lui. Une femme n'a aucun droit. Ma mère m'explique régulièrement : si une femme part, elle n'a plus droit à rien ; la maison vient de ses parents, à elle, elle ne peut quand même pas la lui donner. Il serait bien trop heureux ! Pour vivre où ? Sous les ponts ? Traîner la misère ? Mourir de froid ? Mourir de faim ?
Et de toute manière, il nous retrouverait.
Oui, je suis assez grand pour comprendre. Assez grand pour ne pas être d'accord. Je n'ai pas les mots pour l'expliquer, je me tais, pas les mots pour répondre : "notre vie vaut plus que tout ça." Parfois je crie "*c'est pas juste.*"

Il faut prier ! Prier pour qu'il s'en aille. Mon Dieu ayez pitié de nous !

*

La loi écrite n'était naturellement pas ainsi. Mais comment aurait-elle pu la connaître ?
Il braillait *"va-t-en et tout, tout ici est à moi, abandon de domicile, tu n'as plus droit à rien."* (traduction)
Et elle le croyait. Je le croyais aussi. Il le croyait sûrement aussi.

*

Résignation. Religion plus éducation de la nation : le droit de vote lui fut accordé à sa majorité, à 21 ans, en 1950, droit de vote autorisé aux femmes uniquement après la seconde guerre mondiale, droit de vote naturellement absent de la déclaration dont nous sommes tant fiers, *la Déclaration des Droits de l'Homme*.
Mais la campagne tarderait à reconnaître, valider, le changement de statut de la femme, qui vote encore le plus souvent "comme son mari" : il était trop tard, sûrement, pour ma mère, elle avait grandi dans l'idée de l'inégalité, de l'Homme tout puissant.

*

Femmes et hommes parviendront un jour à vivre un vrai partage ?
Forcément tu y crois quand Mayline t'écrit *"la bonne personne, un peu de bon sens, le respect de l'autre et un réel engagement dans le nous."* J'ignorais qu'elle avait

15

été violée à 7 ans, violée à 17 ans, qu'elle n'avait pas osé en parler et depuis tombait systématiquement sous le charme d'hommes sûrement en quête de femmes psychologiquement fragiles ; son avocate lui donna le qualificatif de *"pervers psychotiques"* au sujet du père de son fils et du père de sa fille, celui avec qui la procédure de divorce n'était pas encore lancée quand je l'ai connue, tandis qu'avec le premier le combat pour la garde de l'enfant continuait ; elle voulait autre chose, elle voulait notre Amour mais le poids du passé non assumé la persuada que ce n'était pas possible, qu'elle devait souffrir... mon Amour son Amour mes analyses psychologiques n'y changeraient rien, elle se sentait perdue... Elle a réussi à s'extraire des griffes du dernier de la liste, trouver un appartement, déclencher la procédure de divorce mais en y laissant toutes ses forces, son énergie. Elle tenait avec des pilules... Neuf de tension.

Je voulais tant la sortir du naufrage... que je n'ai pas encore le recul suffisant pour bien comprendre mes maladresses.

*

Ma mère me répète souvent : *"il faut que tu apprennes bien à l'école."* Pour avoir un métier, pouvoir travailler ailleurs...

J'écoute du mieux possible madame Merlier, mademoiselle Turpin puis monsieur Merlier. À l'école de Vublon. Apprendre, apprendre, tout retenir, et un jour trouver la solution.

*

16

J'ai récemment étudié les chansons de leur jeunesse. Les mecs balançaient des torgnoles aux petites garces. Situation nullement dénoncée : constatée, même appréciée. Et les ayants droit de ces auteurs perçoivent encore un peu de monnaie de la sacem pour de pareils textes !

La radio fut sa première ouverture sur le monde. Et qu'y entendait-elle ! Les femmes battues, c'est un peu notre folklore. "Il faut respecter les traditions" ! Les hommes picolent, elle l'avait toujours vu au village et la T.S.F. l'informait de l'universalité de cette pratique. Il descendait juste un peu plus. *"Mais les ouvriers et les mineurs sont encore pires."* Et il n'avait pas le vin joyeux. Les gars se soûlent et les épouses dérouillent, c'est ainsi depuis la nuit des temps. Les joies du mariage. À la loterie sentimentale, elle était simplement tombée sur un mauvais numéro. Comme chez Zola. Et pourtant les femmes pleurent quand la guerre emmène "leur mari."

*

Leur Dieu. Ce n'est pas le mien ! Je n'y crois pas à sa magie, à sa transformation de l'eau en vin, je n'y crois pas aux morts heureux au ciel : les morts furent vivants et de sale types, des assassins, des voleurs, des menteurs, des qui laisseraient assassiner un enfant, sa sœur et leur mère, sans même téléphoner aux gendarmes. Ces gens-là n'ont pas mérité de vivre après leur mort, qu'ils pourrissent.

Et pourquoi aurait-il transformé l'eau en vin, leur messie ? Pour plaire aux alcooliques ?

*

Unique décoration : une scène du Christ portant sa croix, sculptée dans du bois, avec la légende *"donnez-nous notre pain quotidien",* environ 20 sur 40 centimètres. Vers 10 ans je la lisais déjà autrement : *"donnez-nous notre enfer quotidien."* Porter sa croix, souffrir, en baver. Chacun doit porter sa croix ici-bas. J'ignore le terme "fatalisme" mais leur fatalisme me dégoûte.

*

La fille du maire, le matin, me demande *"ça va ?"* À l'abribus. Dans son regard je comprends. Unique allusion extérieure à cette nuit-là.

*

Sept ans de différence, un grand canyon ? Nous vivions dans la même terreur mais je n'en parlais jamais à "ma grande sœur." Elle a eu "une autre enfance" : élevée les premières années par notre grand-mère, avec vacances à la mer, chez une de ses sœurs et ses neveux, dans la Somme. Selon le sermon officiel, "la vieille" était partie à ma naissance. Elle aurait déclaré *"quand on veut des gosses, on les élève soi-même."* Sa version, je l'ignore.
Elle était partie à Auchel, *"soigner la belle-mère d'une petite cousine",* parentes que j'apercevais parfois. Elles restaient dans leur voiture tandis que ma grand-mère venait quelques minutes dans sa pièce. C'était une forme de rituel, deux ou trois fois par an : elle nous apportait des chocolats, des *rochers Éléphants chocolat au lait,* me demandait si je travaillais bien à l'école. À ma sœur, parfois *"votre père, toujours pareil ?",* toujours suivi d'un simple *"oui."* Longtemps je n'ai pas compris le sous-entendu. J'ignorais que ce ne n'était pas normal, un tel

monstre. Puis elle repartait, parfois nous glissait un billet. Elle croisait rarement sa fille. J'ai mis du temps à comprendre qui elle était vraiment...

*

J'avais dix-neuf ans quand j'ai vu la mer pour la première fois. Un dimanche à Berck. Seul. Fabienne, "ma première blonde", m'avait quitté après m'avoir reproché de ne jamais l'avoir emmenée à la mer.

*

J'avais neuf ans quand ma sœur, après son brevet des collèges, a arrêté l'école. À seize ans donc. La scolarité n'était plus obligatoire. Ce n'était pas une exception. Elle devenait "aide familiale." Dans le schéma classique, elle aurait dû trouver un brave mari pour reprendre la ferme, puisque son frère semblait allergique à l'agriculture. Comment vivait-elle cette situation ? Je n'en sais rien ! J'ai l'impression de ne jamais l'avoir connue.

*

Je me suis rêvé footballeur, coureur du deux cents mètres aux jeux olympiques, tennisman à Rolland Garros, puis écrivain transformant le monde, le réécrivant, Mesrine en jeans blouson noir, chanteur, acteur, agent secret... Peu importait : le rêve c'était changer la réalité.
Libre, liberté. *La vraie vie est ailleurs.* C'est devenu mon slogan vers 17 ans. Un slogan, certes. Mais ce slogan m'aida à tenir debout.

*

La fois suivante est arrivée rapidement. Ma mère hurlait *"au secours, à l'assassin."* Pas trop fort quand même ! Juste pour le persuader que les voisins pouvaient entendre mais assez bas pour qu'ils ne le puissent pas ! Elle avait aussi crié *"va chez Lucien, qu'il appelle les gendarmes."* Mais j'avais retenu la leçon : je reste là, derrière le chêne, qu'il me pense reparti chez monsieur le maire, s'inquiète, retourne se coucher. Ma mère me l'avait répété plusieurs soirs (ça recommencerait, on le savait bien) : il faut lui faire croire que les gendarmes vont venir, vont l'embarquer s'ils le trouvent saoul…

Je tremblote donc derrière le chêne, fixant parfois aussi les fenêtres des voisins. Pas une lumière ne s'allume. Jamais une lumière ne s'est allumée. *"Ils doivent pourtant entendre"* pense l'enfant. Mais aussi : *"Ils ont peur de lui, ils n'oseront jamais nous aider."*

*

Comme elle l'avait promis ma mère vient me rechercher. Une éternité plus tard. Je peux rentrer, il cuve ; vite au lit, le bus passe dans quelques heures…

Ma mère, comme régulièrement, va se coucher avec ma sœur et bien qu'il soit deux heures trente-sept, bien que dehors le zéro degré soit proche, non, je ne fermerai pas ma fenêtre ; il est sûrement endormi pour "sa nuit" mais je ne peux pas prendre ce risque, je suis tellement fatigué, "je vais dormir comme un plomb", ma mère, ma sœur aussi sûrement ; non, je ne peux pas prendre le risque, je ne veux pas mourir : il suffirait d'une fois, le gaz, *"le gaz ne pardonne pas"*…

*

C'était sa dernière "trouvaille." Un vendredi, dans *"l'abeille"*, hebdomadaire des notables et chiens écrasés locaux, il avait lu qu'une famille de Frévent avait été retrouvée morte à cause d'une fuite de gaz, et depuis il dévissait la bouteille de la gazinière, la portait en bas de l'escalier... et retournait dans la cuisine boire, tout en fermant les portes intermédiaires, ouvrant celle vers le débarras puis l'extérieure, se protégeant ainsi d'une dispersion inattendue.

Alors je dors avec la fenêtre de ma chambre ouverte, et des pulls sur la tête.

*

Ma mère descendait, fermait la bouteille bleue et les cris redoublaient. Parfois je restais dans ma chambre, le plus souvent je me levais. J'aurais voulu avoir la force de le tuer. Grandir. Grandir. J'espérais vivre assez longtemps pour un jour être grand. Pour le tuer. Il le fallait : car personne ne nous en débarrasserait.

*

Je dors avec quatre couvertures, un couvre-lit, un pull enroulé autour de la tête, un autre au-dessus. Pas de chauffage dans la chambre. Un radiateur dans le couloir, rarement allumé, ne fonctionnant plus vraiment, valsant si souvent par la fenêtre... le lendemain matin, il va le rechercher... lui aussi, par souci du qu'en-dira-t-on... ma mère ne réussissant pas à le porter.

J'avais dix ans aussi quand, après des semaines de tentation, j'ai enfin osé subtiliser deux couteaux pointus dans le tiroir. Et chaque soir je les plaçais sous mon oreiller, le matin les cachais. Ç'avait été un mini drame ! Un de plus. Ma mère l'accusait de les avoir donnés "chez

21

Leboc", le cafetier, pour payer ses dettes, les opinels avec lesquels elle saignait les poulets. Pour une fois, il avait raison ! Mais régulièrement des choses disparaissaient et il reconnaissait plus tard avoir réglé ainsi son ardoise.

Chaque soir je fermais donc à clé la porte de ma chambre et j'étais persuadé d'être assez vif pour saisir l'un de ces couteaux s'il la défonçait. Je m'entraînais souvent, certain qu'il voudrait m'étouffer. Un soir, à la télé, dans un film, un homme assassina sa femme avec un oreiller et il m'avait balancé *"tu vois p'tit merdeux, trente secondes et t'es mort."* Comme il ignorait mes armes, oui, je pouvais, malgré mon âge, lui en planter un dans le ventre ; alors il me lâcherait et le second, il faudrait lui enfoncer dans le cou. Puis couper, couper comme ma mère un poulet. Comme le cochon. Le cochon tué chaque année. Ils l'attachaient, le basculaient sur un côté, mon père lui tenait les pattes et Léon, le tueur du village, l'égorgeait, l'animal hurlait. Ma mère avec un bassin récupérait le sang pour le boudin.

Mes couteaux sont minuscules comparés à celui du vieux Léon mais proportionnellement au cou du cochon, je dois réussir.

*

Quand j'ai lu qu'en "ex-Yougoslavie", des hommes s'étaient entraînés sur des cochons avant de partir à l'assaut de villages entiers, cette scène annuelle m'était revenue. Et mes réflexions d'alors.

*

Les mots d'alors m'assaillent : le patois végète quelque part en moi. À dix ans je pensais encore en patois et traduisais en français. J'étais encore un étranger. Quatre ans seulement d'apprentissage.

À six ans, mon entrée à l'école, j'étais un "véritable étranger", incapable de m'exprimer en français. Je comprenais presque tout mais répondais systématiquement en patois. J'avais peur aussi : aucune raison de ne pas y retrouver la même lutte pour la survie. Et "des grands" bousculaient "parfois" les petits. À nous de les éviter. Monsieur Merlier n'avait pas des yeux dans le dos ! Ils le savaient, ces "grands."

*

Début 2008, j'ai donc rencontré Mayline sur le site acommeamour.com. Jours merveilleux : des mails (dont celui sur *"l'engagement dans le nous"*), des heures au téléphone, une première rencontre à Bruniquel, le lendemain la nuit ici... Et elle a commencé à me raconter son passé. Nous avions surtout abordé le présent et l'avenir. *"Il me faut du temps..."* 22 jours après Bruniquel, elle me mettait en *pause*. Je lui répondais *play*. Elle se fâchait, colères, les nerfs à vifs. *Eject* ou Amour : tu ne peux pas exiger ma présence près de toi pire qu'un chien, sans même pouvoir t'effleurer les pieds.
Même mes mails, mes sms, mes appels, l'irritaient. J'aurais dû simplement l'aider à déménager, garder sa fille le samedi matin, sans *"présence amoureuse."*
Victime d'une autre oppression donc. Et je ne voyais pas comment l'aider. Je lui conseillais de sortir elle aussi de sa période 2. Je me croyais le plus malheureux des hommes. Je sentais la fissure grandir en moi, comprenais qu'elle pouvait me décomposer, dissoudre toute l'énergie vitale, même jusqu'à la mort. J'ai même découvert la joie

des psychotropes ! Pour finalement la refuser : je n'ai pas fait tout ça pour me cacher la réalité. Alors j'ai repris ce manuscrit, avec l'idée peut-être un peu folle qu'en le lisant un déclic se produirait en elle. Toi aussi, ton passé n'existe plus et tu peux souffler dessus…

*

Ma période 2 a débuté peu après mes 20 ans, pour s'achever en 2007.

*

Ce père est dans la cour, charge des betteraves dans un bac attelé au tracteur, je retiens mes larmes, marmonnant *"faut que tu écrives mon prénom sur mon cahier, madame Merlier a dit que si je sais pas écrire mon prénom sur mon cahier, elle me met en maternelle."* (traduction aussi, forcément !)
- Tu n'as qu'à te débrouiller tout seul, tu n'as qu'à demander à ta mère. (traduction toujours ; même si je ne le précise pas à chaque fois, "rares" étaient leurs propos en français)
Ma mère aussi refusa d'inscrire mon prénom sur mon cahier. Ils sont d'accord, ne comprennent pas cette exigence de savoir écrire. C'est à madame Merlier de m'apprendre. Elle est payée pour ça. Et puis, qu'elle me mette en maternelle si elle veut ! En maternelle ils ont quatre ans. Je veux rester avec les autres. Je pleure.

*

Un enfant attardé. À quatre ans, suivant les récits depuis souvent entendus, je ne "parlais pas." Durant des années cette histoire se ponctuait toujours par *"et maintenant on n'arrive plus à le faire taire."*

- Je ne parlais pas, et ça ne t'inquiétait pas ?

- Tu parlais pas mais tu n'étais pas muet.

- Mais est-ce que tu me parlais ?

- Je n'allais pas te parler alors que tu ne parlais pas, tu bredouillais, tu criais.

L'idée de parler à un bébé puis à un enfant n'est donc jamais venue à ma mère. Je devais vociférer pour essayer d'attirer l'attention, baragouiner en reproduisant désespérément leurs sons.

Mais je fus *"propre rapidement."* La méthode disons campagnarde : *"une bonne fessée"* et rapidement dressé.

*

"Dors, il s'est rendormi. J'ai éteint la bouteille de gaz. J'ai rentré Mickette. Je vais dormir avec ta sœur. Ferme ta fenêtre, éteins ta lumière..."
Ma mère sort, je referme ma porte à clé puis agite la fenêtre, tout en la laissant ouverte...

*

Mickette, je l'ai eue en 1975. Ma confidente. La chienne de ma vie ! Fille de Zézette, "le chien de chasse", qui vivait attachée dehors. Mickette, toute petite, je l'apportais dans la maison et elle y est restée. Parfois, je la prenais dans ma chambre pour la nuit. Elle bondissait sous les couvertures, passait la nuit à mes pieds, me tenait chaud. Je me demandais toujours comment elle parvenait à respirer là-dessous. J'étais un peu plus rassuré avec elle, persuadé qu'elle me réveillerait dès qu'il commencerait à forcer la porte. Et au moins, j'avais chaud aux pieds.

*

Madame Merlier a dû m'apprendre à parler, à écrire. Même mon prénom donc. Personne ne s'en était soucié avant l'école obligatoire. Personne ne m'a expliqué la vie. Personne ne m'a commenté des photos. Personne n'avait le temps de jouer. Dénoncer l'absence d'initiation aux arts serait une coquetterie ! C'étaient des cris, des insultes, des menaces, des larmes.

Qu'est-ce qu'ils ont raté ! Comme c'est agréable, le soir, de préparer les oreillers, s'installer pour lire une histoire. Après, faire un câlin et hop, même un grand bébé de vingt-cinq kilos, le porter au lit, après naturellement avoir "caché" un doudou obstiné, se sauvant chaque soir... même si, à force, on connaît ses cachettes !...

*

Combien d'enfants grandissent avec papa et maman vraiment à leur côté ? Qu'ils vivent ensemble n'est pas suffisant. Je suis encore sidéré quand j'entends le comportement de certains pères, qui plus est prompts à se prétendre exemplaires. Avoir un enfant dans des conditions "idéales", en sachant qu'il grandira dans l'harmonie... est-ce trop demander à la vie ? Avec Mayline, même si notre osmose fut brève, nous y avons cru... nous utilisions déjà l'expression "nos enfants" pour notre famille en voie de recomposition...

*

Les plus nombreux ressemblent, finalement, après quelques velléités d'opposition, à leurs parents. D'autres se construisent en opposition radicale à ce qu'ils ont vécu. Mon idéal de très grand Bonheur, d'harmonie, je le dois aussi à cette enfance désastreuse.

*

"Il faut que tu travailles bien à l'école pour avoir un métier plus tard... il faut que tu écoutes bien madame Merlier..."
Ma mère signait naturellement les relevés de notes mais n'a jamais ouvert un seul de mes cahiers.

*

Il n'existe qu'une seule photo de moi bébé. Je devais avoir six-huit mois. Je suis assis sur ma sœur, dehors, devant la grande fenêtre.
Pourquoi, quand même, malgré tout, une photo ? Qui l'a prise ?
La photo suivante, c'est une photo de classe. J'ai sept ou huit ans.

*

À six ans, j'ai découvert le village. L'arrêt du bus se situait alors dans la cour de l'ancienne école. À six cents mètres. Monsieur Datuche nous prenait le matin, ramenait le midi, venait nous rechercher après le repas et en fin de journée nous redéposait. Aucun chahut dans son bus blanc. Nous n'avons jamais été plus de dix. Les enfants du village et ceux de Borodiville, situé trois kilomètres plus loin.
J'étais le seul né en 1968. Vincent et Guy, nés en 1966 et 1965 sont frères. Leur cousin, Pascal, est né en 1970. Les trois habitaient près de cette ancienne école, l'un derrière, rue de Vublon, les autres devant. Leurs mères sont sœurs. Et la fille du maire, Lucie, née en 1966.
Au village, quelques plus grands, Patrick sûrement né en 63 ou 64 et son frère Auguste, du même âge que ma sœur, de 61 donc. Et Louis, un an en plus ou en moins, je n'ai jamais vraiment su, "fils des riches", la ferme aux deux ouvriers.

*

Durant "la pause" j'ai résumé à Mayline : *"j'ai poussé comme un petit sauvage isolé, connaissant uniquement du monde ce père, cette mère, ma sœur. J'apercevais bien d'autres personnes et devais lancer des SOS mais jamais personne ne s'est approché avec bonté."* Elle avait répondu *"alors qu'à cet âge j'étais la plus joyeuse des fillettes."*

*

Dans le bus, je restais avec Agnès, de Borodiville, née en 1969, ayant débuté l'école le même jour. À cinq ans donc. Moi six. Même six et sept mois, étant de février. Cette année-là, le bus, paraît-il, pouvait prendre pour la première fois des enfants de cinq ans. Je ne l'ai jamais vraiment cru. À six, l'école devenait obligatoire donc il leur avait bien fallu me scolariser ! C'était une corvée : me préparer !
Agnès : ma référence, mon modèle, je l'admirais : elle savait écrire son prénom ! Et même lire !
CP, CE1, CE2, CM1, CM2 : elle a toujours obtenu une meilleure moyenne que moi.

*

Comme tout enfant de là-bas, à sept ans j'ai "fait ma première communion." Et suis devenu enfant de chœur. Joie d'avoir été demandé par "monsieur le curé." Quelqu'un s'intéresse à moi. J'apprenais des prières. Les récitais même puisque ça semblait le ravir ! Sans y croire donc.
Un adulte humain ! Mais occupé par ses églises, ses messes, son Dieu (qui naturellement n'existait toujours pas pour moi malgré la rencontre de son prétendu représentant sur terre).

J'avais déjà compris : personne n'interviendra. Si le curé m'avait manipulé, aurait-il pu me transformer en mécanique bien huilée au service d'une cause ?

La messe du dimanche était un plaisir ! J'étais une marche au dessus et pouvais les observer ; leur air bien sage dans la file d'attente de l'hostie hebdomadaire me surprenait.

*

Finalement, étaient-ils plus heureux que moi, les autres enfants du village ? Rares étaient les rires. Chez les adultes aussi. Tous cheveux courts. Même les femmes !

Le village vivait déconnecté des possibilités du monde. Seules les mauvaises nouvelles leur parvenaient. Naturellement déformées. Personne, jamais, n'était parti découvrir le monde. Et je serai le premier à obtenir le bac puis un BTS.

*

En 1975, ils ont fait bâtir une grande étable pour trente vaches et une salle de traite hyper moderne, derrière la maison. Avant, ils louaient *"en bas du village"*, à trois cents mètres environ. Ainsi ma première année d'école, ma mère remontait me réveiller, me préparer et je partais prendre le bus. Il fallait se dépêcher. Les bidons de lait devaient être sortis avant le passage du laitier. Ma sœur était en pension, à Saint-Pol, dans une école religieuse, Sainte-Anne. Elle y est restée sa sixième et sa cinquième puis est allée au collège de Pernes, en redoublant sa cinquième. Je ne sais absolument rien de ses six saisons d'internat. Comme sur le reste !

En 1975, les propriétaires de la vieille ferme délabrée ont décidé de la reprendre, pour la vendre avec la maison attenante, inoccupée, aussi vétuste. Pourquoi ma mère a accepté de s'endetter ainsi, donc de se contraindre à continuer ? *"Je n'avais pas le choix."*

*

Il me menaçait souvent. *"Si tu me frappes, monsieur le curé et madame Merlier le verront et je leur dirai."*
Il répondait *"si tu crois que tu comptes pour eux"* (traduction) mais ne cognait pas. Ma mère n'aurait jamais pu ainsi le neutraliser : il savait qu'elle n'aurait pas osé "s'humilier."
Dire la vérité, dans leur logique, c'était s'humilier. La victime avait forcément tort et devait cacher sa honte. Des femmes battues, des fillettes violées.
Je me souviens d'un œil au beurre noir. Elle prétendait, même à moi, être tombée dans la salle de traite.
Mayline, à 7 ans, à 17 ans, n'a pas parlé. C'est donc qu'elle a été persuadée, par son environnement, qu'elle ne devait pas dénoncer le coupable. Le père de sa fille fut le premier informé, le père de son fils ignore tout. Elle m'a raconté car nous en étions certains : pour la vie ; et je suis le seul à savoir qu'avec Alexandra, sa *"meilleure amie"*, leurs relations furent parfois sexuelles (elle avait lu mon "théâtre complet", donc la pièce où je me mets en scène avec deux sœurs ; nous a-t-elle imaginés ainsi à trois, quand la graphiste reviendrait de son exil londonien ?)

*

Mon monde se limitait à Hunier et Vublon. Borodiville existait, je savais, sans jamais y être même passé. Madame Merlier, mademoiselle Turpin, monsieur

Merlier : des extra-terrestres. Bien habillés, sans mauvaise odeur et parlant correctement. Des êtres différents existent ! J'ai envie d'obtenir des bonnes notes. J'écoute tout. Mais c'est difficile. Je sens qu'Agnès comprend toujours avant moi. Il m'a fallu des années avant d'avoir un mot et la réflexion pour qualifier mon monde : médiocrité. Je ne leur ai jamais connu une seule vraie pensée. Encore aujourd'hui, quand ma mère parle, je sais qu'elle reformule des choses entendues.

*

Je découvre "un oncle", "une tante", "des cousins." J'ai sept ou huit ans. Je ne comprends pas vraiment pourquoi désormais on les voit régulièrement. Les deux frères se sont réconciliés. Ils s'étaient fâchés à cause d'une moissonneuse batteuse… Je n'ai jamais su exactement…
Ma mère s'était rendue chez eux ; elle répéta souvent : pour que nous connaissions nos cousins. Elle espérait sûrement nettement plus.

*

Un peu plus tard, je découvre un autre oncle, l'oncle aîné, célibataire resté chez ses parents. Je découvre donc un grand-père et une grand-mère, qu'il faut embrasser quand on arrive, puis s'asseoir et se taire. Une éternité plus tard, on se lève, on fait le tour de la table pour les embrasser de nouveau et on repart. Aucun souvenir de cadeau, juste des étrennes en janvier. Et dans la voiture, il demande : *"elle t'a donné combien ?"*

*

Quand ses parents, son frère aîné, son frère cadet et sa famille viennent manger, la veille il boit presque

31

modérément. Et au repas parlera sans hurler. Mais sa tête est celle d'un alcoolique. Même moi je vois qu'elle a un truc totalement différent. Des rougeurs et le nez ! Devant "sa famille", il veut poser en homme bien, parle même de moi comme d'un futur bachelier.

*

Je l'ai accompagné à la chasse. Parce que le fils d'un chasseur doit suivre son père à la chasse. Jusqu'au jour où j'ai compris qu'il pourrait facilement me buter et prétendre à l'accident. J'ai alors refusé de me lever ces matins-là.

*

Sept, huit, neuf, dix, onze ans : pas l'impression d'être malheureux ! Je ne sais pas ce qu'est "le malheur." J'ignore de même "le bonheur." Je crois que c'est ça la vie. *"La vie c'est une lutte"*, il répète souvent, quand ses frères sont là. Et ils ne le contredisent jamais.
Sûrement sauf quand on a la chance de naître madame Merlier, monsieur Merlier, mademoiselle Turpin ou monsieur le curé. Je crois ma vie totalement normale. Je ne sais rien de la vie des autres enfants chez eux. Je ne parle pas de ma vie, ils ne parlent pas de la leur.
La vie de madame Merlier, monsieur Merlier et mademoiselle Turpin devient ma vie rêvée. J'aurai toujours une tendresse particulière pour les instits. Mayline est instit. *"La vie d'un auteur de chansons et celle d'une instit un peu tarée, tu crois que c'est compatible ?"* (l'un de ses premiers mails)
...*une lutte*... dans les mots, il n'avait pas tort... mais il se trompait complètement de combat... le sens du combat...

32

le combat du sens... apprendre la vie... tomber mais se redresser... apprendre à vivre la vie, en se détachant des illusions (donc du passé), sur la voie de l'Essentiel...

... et même ce terme "Essentiel", combien de fois par mail, par téléphone, l'Essentiel semble touché... et tels des navires à la dérive nous repartirons chacun de notre côté... dans notre solitude fondamentale...

*

Dans la classe, avec madame Merlier (CP), mademoiselle Turpin (CE1 – CE2), monsieur Merlier (CM1 – CM2), je me sentais bien. Il m'a fallu atteindre le CM2 pour me sentir bien aussi dans la cour de récréation. Avant "les grands" représentaient toujours un danger. Sortir en récréation n'était pas un plaisir. Mais dans la classe, j'étais protégé, rien ne pouvait m'arriver.

Être en sécurité, sentiment d'insécurité, vivre au bord de l'abîme, personne n'utilisait ces expressions. J'ai compris vers trente ans. Avant, j'ai continué à porter mon sempiternel mal de ventre, une anxiété, une angoisse permanente, un rien me faisait tressaillir.

*

Comment vit-on à Tel-Aviv ? À Jérusalem ? À Bagdad ? Avec des attentats quasi quotidiens ? Vivre comme "en état de paix" et pourtant à chaque seconde un bus peut exploser, un kamikaze entrer. Pas besoin d'images ni récits pour comprendre leur drame.

*

Je suis né dans les choux. Je l'ai cru. *"Né dans les choux."* C'était logique : en hiver, ils se rendaient plusieurs fois par semaine "aux choux", des choux pour nourrir les vaches.

Pourquoi aurais-je douté de cette "version officielle" ?

Impossible de me rappeler quand "j'ai su." Je n'ai jamais pu imaginer qu'ils puissent avoir "fait l'Amour." Ils se sont simplement reproduis.

Quand, vers dix-sept ans, avoir un tel père m'a vraiment perturbé, je ne l'ai jamais considéré comme un être duquel je venais, même en ayant oublié cette "histoire de choux"; j'aurais préféré le statut d'un enfant perdu, un *"sauvage de l'Aveyron"* uniquement recueilli par des Thénardier pour la prime du gouvernement aux vieux suffisamment cupides pour se prétendre parents.

*

Vers dix-huit ans, j'ai cru devenir "une forme de Rimbaud"; un des textes dont je me souvienne débutait par :

Avant qu'au collège des enfants
Racontent la vie chez leurs parents
Je croyais grandir normalement

Croyant que chez tous les parents
Le père essaye de tuer l'enfant
Tandis que la mère le défend

Je me souviens aussi de :

Il se croyait comme
Les autres mômes
Il croyait qu'sur terre
C'était partout la guerre

Entre les enfants et le père
S'interposait la mère
Mais un jour le père
Gagnerait la guerre

À moins qu'il ait un cancer
Ou qu'il crève dans sa bière

*

Ils ont fabriqué des buts et la place est devenue "terrain de foot." Patrick, Auguste, Louis, Thomas (le père de Vincent et Guy), Bernard.
Ils jouent, toujours rejoints par quelques-uns de leur âge des villages voisins. Nous les regardons. Et quand un ballon est disponible et qu'ils n'utilisent qu'un côté du terrain nous occupons l'autre, chacun son tour dans les buts. Vincent, Guy et moi.
Il arrive toujours un moment, quand je suis gardien, Patrick s'approche avec son air de crapule et shoote dans le ballon. Pas pour simplement marquer mais en me visant. Une frappe la plus sèche possible. Thomas, parfois *"laisse-le tranquille, il ne t'a rien fait"* alors il répond *"c'est plus fort que moi, quand je le vois j'ai envie de le mettre en morceaux, ce p'tit merdeux, ce morveux."* J'étais alors très vif. Il ne m'a jamais touché.

*

Deux mois à Saint-Venant, en "cure de désintoxication."
Pourquoi a-t-il accepté ? Et ma mère va le voir. Un mercredi m'y emmène. Elle me montre une rivière, une péniche. Je suis émerveillé !... De lui : je retiens ses pantoufles propres, son pyjama rayé, et il parle posément.

Ce n'était plus le même ! J'ignorais les effets des médicaments… Simplement abattu par un cocktail spécial alcooliques.

Plus tard j'ai croisé chez les défoncés le même regard. Ils ne comprenaient pas : je refusais leur joint tendu…

*

Il se prétend heureux, passerait bien sa vie là : dans des bouteilles de jus de fruit, des infirmières apportent du vin. Et surtout ma mère ne s'en sort pas ! Un homme, c'est indispensable dans une ferme ! Il reviendra pour la moisson. Sera quelques mois sans toucher à l'alcool et ça recommencera.

*

Ma mère m'explique : si elle porte plainte, une assistante sociale va venir et on nous (ma sœur et moi) mettra à l'assistance publique, à la DASS… Tu ne sais pas ce que c'est la vie… les assistantes sociales…

Tout serait mieux que ça. Je n'ose pas répondre. Je sais qu'elle pleurerait.

*

J'ai souvent regretté de ne pas avoir été abandonné à la naissance. J'ai même répondu, vers 25 ans, à un copain me confiant son *"drame",* cet abandon : *"ils n'étaient pas dignes d'être tes parents, tout simplement ! Z'ont eu la lucidité de le comprendre, tu devrais plutôt être heureux, considérer ce destin comme une chance, ça t'a permis de grandir avec des parents qui voulaient vraiment de toi, qui se sont occupés de toi."* Alors il était reparti *"mais ce n'étaient pas mes vrais parents..."*

Je sais : à sa place j'aurais sûrement réagi de la même

manière !... C'est seulement quand on a eu un père comme le mien qu'on pouvait envier son sort...

*

Ma mère aurait-elle pu trouver l'aide intellectuelle et légale pour s'en sortir, comprendre qu'elle n'était pas condamnée à subir un tel mari ?

*

"Tu ne sais pas ce que c'est que la DASS, y'a des gens qui en profitent." Elle n'en disait pas plus. Ça signifiait sûrement que même elle, savait : les pauvres mômes pouvaient facilement être tabassés, violés, parqués et personne n'intervenait.

*

Avant moi, elle a perdu des jumeaux. Je n'en sais pas plus. À combien de mois ?... Ma naissance fut difficile : elle est restée couchée trois mois. En plus de la peur du mari, celle de me perdre donc. Elle ignorait naturellement les deux intimement liés !
Au fond d'elle, deux forces devaient s'opposer : inutile d'avoir encore un enfant avec un pareil homme et ce bébé sauvera peut-être mon couple. Un jour j'ai entendu *"il avait dit que s'il avait un garçon il arrêterait de boire."* Je ne sais plus à qui elle parlait. Comment une femme peut gober une aussi grossière absurdité ?

*

La serpe sous l'oreiller... sûrement un souvenir de l'Algérie ! Là-bas, je suppose, mieux valait toujours garder une arme à portée de main. Les fellaghas pouvaient surgir. Comment ma mère a pu accepter de vivre ainsi ? Comment pouvait-elle s'endormir ?

*

Pourquoi ne m'a-t-il jamais violé ? J'ai commencé à me poser la question peu après vingt ans. J'avais la trentaine quand une émission à la radio, sur un autre conflit, m'apporta une réponse cohérente. Ça me semblait bizarre : il aurait pu pousser la barbarie jusque là.
De cette émission, je n'ai retenu qu'un passage dont les mots exacts ont volé en éclat face à la révélation : les hommes ayant torturé, quand ils n'ont pas de soutiens psychologiques à leur retour, quelques années plus tard, ils violent leurs enfants. Par la négative, j'en ai conclu qu'il n'a jamais torturé en Algérie. A-t-il tué ?

*

Manger est obligatoire. Mange ! Finis ton assiette ! Finis ton assiette avant que ce soit froid ! Mange plus vite. Mange pas aussi vite.
Me transmettre le plaisir de manger leur aurait été impossible. Manger n'était pas un plaisir : il était là. Ou pouvait surgir.
La table est l'endroit où l'ensemble des combattants sont presque invariablement réunis. Parfois il est au café. Plus rarement aux champs. Les repas sont idéaux pour les insultes.

*

Cinq ou six fois, pas plus, nous avons passé la nuit chez

son frère cadet. On arrivait à l'improviste. Ils étaient déjà couchés. Ma mère et ma sœur dormaient dans le canapé et je montais l'escalier, entrais dans une grande chambre, juste éclairée par la lampe de poche de ma tante, retirais les affaires enfilées au-dessus de mon pyjama en partant et prenais place au milieu des cousins dans un gigantesque lit. Ils étaient déjà quatre. Ils se poussaient machinalement. Il faisait chaud. J'étais bien. Je m'endormais immédiatement. Quand ma mère venait me réveiller le matin, j'étais seul.

Mon père n'a jamais su où nous allions. Nous avions "*découché.*" Il voulait savoir où. Il gueulait "*la putain a découché.*" Mais durant plusieurs jours restait calme. Il ne pouvait nous imaginer chez son frère, que son frère savait, nous soutenait même. L'hypothèse d'un "autre homme" devait le tourmenter. C'était malheureusement faux. "*Qui voudrait d'une femme avec deux gosses ?*" il vociférait.

Que pensait cet oncle du comportement de son frère ?

Même enfant, je le sentais bien : ma tante avait l'air sincèrement peinée, aurait sûrement voulu agir. Mais, elle aussi, avait intériorisé son statut de femme de ces années-là ! Son droit à la parole sans autorisation du divin mari semblait limité : le temps, le jardin... Elle se contentait sûrement de ne pas être tombée sur le pire des trois frères. Ce pire prétendait qu'elle n'avait pas le droit de signer les chèques. Le dimanche suivant, comme par hasard, ils venaient. Jamais personne, même le cousin de mon âge, n'a eu ne serait-ce qu'une allusion. Ils devaient recevoir des instructions avant de partir !

*

Ma mère m'a acheté un filet de billes à l'épicier. Ainsi je

peux jouer avec Lucie en attendant le bus. Deux arrêts désormais au village, le premier toujours à l'ancienne école, l'autre sur la place. Un matin Patrick déboule, nous regarde trente secondes et prend la bille de Lucie quand vient son tour de viser. Il la lance immédiatement sur la mienne, l'empoche, rend la sienne à la fille du maire. Il la ressort et me commande : *"allez, mets-en une autre, celle-là je l'ai gagnée à la régulière."* Je refuse mais je n'ai pas le temps de reculer qu'il m'en a subtilisées deux dans la main gauche. Il en jette une par terre, se recule de trois pas, la vise, la touche, la ramasse. Idem avec la suivante. Il m'a volé trois billes. Le bus arrive. Il sourit en prévenant *"je reviendrai demain pour la revanche."* Je ne réponds rien, retiens mes larmes.

*

Le cerisier est gigantesque. M'apparaissait ainsi. Il l'était vraiment, culminait sûrement à plus de vingt mètres. Ma mère a insisté et finalement il a placé le tapis roulant contre le tronc, tapis roulant qui permettait de monter automatiquement les ballots de paille dans la grange. En juin 1976 je reste donc des heures sur le tapis rouge, avec Mickette, la moisson ne débutant jamais avant le 14 juillet. Mickette aussi adore les cerises.
En mars 1977 il a abattu le cerisier, avec une bonne raison officielle : il gênait pour passer avec le tracteur. C'était naturellement faux. Il savait que je savais.

*

Leboc, le cafetier de Vublon, aussi "coiffeur pour hommes" : deux fois par an ce père m'y emmenait. Une porte presque toujours ouverte séparait le bistrot enfumé du "salon de coiffure." Ses coupes ne cherchaient aucune originalité : tous pareils. En prévision du temps qu'il resterait sous les ciseaux, ma mère m'avait donné quelques pièces pour jouer au flipper. La femme Leboc trônait derrière le comptoir. Je la détestais encore plus que lui : grosse et grasse, sa peau luisait. Lui avait toujours un mot gentil, même si j'ai rapidement compris pourquoi : mon père était un excellent client. Combien de types se sont tués, ont tué, en sortant de son bistrot ? Depuis je suis toujours entré avec réticence dans un café. Et je suis resté des années éloigné des coiffeurs. On m'a appelé l'indien…

Ils ne fumaient pas, les époux Leboc. Sont-ils clamsés d'un modeste cancer du tabagisme passif ?

*

Le soir, quand il est là et les yeux ouverts, il regarde les informations. Je hais donc les informations.

Mais ce soir-là, je ne traverse pas la pièce enfumée le plus rapidement possible, je reste dans le couloir, fixe l'écran : un homme sur une civière. Je retiens son nom : Jacques Brel. Quelques "images d'archives" suivent : Jacques Brel sur scène, chanteur. Sa voix me bouleverse (avec les mots d'aujourd'hui !).

C'était son ultime retour à Orly.

Mon ressenti d'alors, comment le traduire en mots ? C'est Lui, l'Homme le plus important de ma vie, mon vrai père, père dans le sens de celui qui apporte la Lumière. Naturellement, aucun de ses disques à la maison. Ma sœur est fan amoureuse de Michel Sardou, elle achète des magazines et découpe sa photo. Elle a un tourne-disque. Moi je n'ai rien. Maintenant j'ai un nom : Jacques Brel.

*

Quelques secondes. Ses grandes mains. Comme si elles me touchaient, m'emportaient. Sa voix m'électrise. Il faut supprimer ce déchet indigne accoudé à la table et la vie sera possible. Quels mots pouvais-je employer pour de pareilles idées ? Aucun, oui aucun : des sensations, des colères, un espoir.

*

J'observe le déchet assis derrière la table, son mégot au coin gauche de lèvres bleues, ses dents jaunes et c'est évident : il n'a vraiment rien à voir avec moi, je mérite un vrai père, lui, l'homme aux grands bras, aux grandes dents. J'attends Jacques Brel. Mais il ne réapparaît pas sur l'écran.

J'ai depuis écouté tout ce qu'il a chanté, décortiqué ses textes, bu ses interviews, dévoré ses biographies... Comme il était parfois... trop ! Trop, oui, l'Homme qui m'a transmis le courage de me surpasser pour m'extraire de la médiocrité à laquelle je semblais condamné. Alors parfois, moi aussi, j'en fais trop !

J'ai trop de sites sur internet, j'écris trop de chansons... sans prendre le temps de gérer vraiment ces sites, de chercher des interprètes pour les textes...

Elle m'a écrit *"tu es trop"*... après m'avoir mis en *pause* ; quand j'ai continué à lui donner de l'Amour, comme quand elle croyait au partage, à l'osmose intellectuelle et à la fusion physique.

Je lui ai envoyé une enveloppe vide où tout se situait dans le timbre : une vache s'exclamant *"Ne meuuh quitte pas..."* Aucun commentaire. Grand Jacques, tu l'as reconnu : *"je n'y comprends rien aux femmes."* Vais-je le répéter ?

*

"Si j'avais été beau je n'aurais rien fait de ma vie."
L'exclamation de Jacques Brel, au micro de Jacques Chancel, je la replace souvent. Surtout depuis ma dégradation physique ! Je suis conscient du décalage entre l'attente suscitée par mes textes, mes photos choisies sur les sites et ma réalité. Voltaire écrivait *"je pars en détails"* quand il commença à perdre ses dents.

Je sais maintenant avec certitude, que sauf exception, même les femmes autoproclamées en quête d'Essentiel congédient l'homme idéalisé quand elles rencontrent dans la vraie vie un quadra déjà détérioré. Mes "si beaux yeux", elles les adorent, et si elles me laissent le temps de les caresser, elles adorent. Mais elles sont déçues : mes yeux et mes mains ne suffisent pas. Alors ces soirs-là j'écoute Jacques Brel et je me rappelle d'où je viens. Ça n'empêche pas les larmes de couler mais ça te botte les fesses, t'essayes d'en faire une chanson ou de terminer un paragraphe. J'ai quarante ans et, enfant, j'ai si souvent redouté de vivre mes dernières heures, que tout cela, finalement, c'est du temps en rab.

*

Pas un bruit, il est assis à table, son verre vide, aucune bouteille. Ma mère prépare le repas. Silence inhabituel ! *"Ton grand-père est mort"*, il prononce en français, comme s'il récitait un speech mûrement préparé. Son père donc. Ajoutant *"d'une crise cardiaque."* Il devait avoir dans les soixante-dix ans. J'avais onze ans. Les bêtes étaient déjà rentrées, nous allions manger et partir à Frévin. Ma sœur enfilait ses habits du dimanche. Le jour de l'enterrement ma grand-mère semblait comme je l'avais toujours connue, "effacée" avec les mots d'aujourd'hui. Mais elle n'est pas venue à l'église ni au cimetière. La grande conversation, c'était qu'il était mort un vendredi, ce qui signifiait, selon eux, qu'avant six semaines quelqu'un de la famille le suivrait. Ma grand-mère était catégorique : ce serait elle. Mon père répondait qu'en repartant il allait peut-être se tuer en voiture, qu'un accident c'est si vite arrivé, qu'encore vendredi il y en avait je ne sais plus combien dans l'*abeille*, les deux autres frères se regardaient de travers, devaient penser pourvu que ce soit lui ; depuis des années ils ne se parlaient plus. J'étais persuadé qu'il en profiterait pour nous zigouiller.

*

Quelques jours plus tard, ma grand-mère ne s'est plus levée. "Un cancer de la gorge." On m'interdisait d'entrer dans sa chambre. Elle suffoquait, râlait, s'étouffait. Je restais dans la pièce principale. J'entendais tout. C'était sûrement encore pire. Et elle s'est bien étouffée moins de six semaines après son mari. Mais pas un vendredi. Sinon ça recommençait ?
Les trois fils semblaient satisfaits du scénario : une femme doit suivre son époux, même dans la tombe. Une femme sans son maître n'existe plus.

*

Je n'ai eu aucun chagrin. Je n'avais avec ces gens-là aucun lien. Je n'avais d'ailleurs jamais compris pourquoi nous devions parfois "aller les voir." Mais c'était ainsi. Je devais "*suivre*." Toute idée de "famille" au sens noble du terme m'était étrangère. Seule ma mère comptait, parce qu'elle essayait de me protéger. Et ma sœur parce qu'elle vivait dans la même situation que moi, avec le même ennemi.

*

"Le mariage, c'est comme le service militaire, faut obéir aux ordres."
Comment ma mère peut avoir décidé de se marier avec un type pareil ? J'ai onze ans, je n'y comprends rien.

*

Aujourd'hui encore des femmes découvrent très tard (après mariage ou/et naissance d'un enfant) la véritable personnalité de leur "mari pour la vie." Elles croient souvent qu'il a changé. Il s'est simplement, durant les premiers mois, détourné de son seul centre d'intérêt, son petit ego, ses blessures non assumées (qui n'a pas de blessures à assumer !). Les mois d'enthousiasme ! Du changement dans une vie vide, où l'autre, par sa seule présence, sa beauté, son corps, son originalité, occulte le reste. Entrer en union avec un être plombé de troubles psychologiques, c'est en subir les conséquences rapidement. Ce fut le cas pour mon "Amour Asiatique."
Naturellement, ce n'est pas un hasard si durant des années elle a cru être aimée par des hommes qui rapidement la réifiaient : elle cherchait inconsciemment ces relations, persuadée de devoir rester éternellement victime des mâles. Elle "rejouait le scénario" des prédateurs : l'action sincère débute après la mise en confiance pour s'isoler avec elle, au fond du jardin puis dans un appart (pour y jouer au monopoly !) ; le couple est l'isolement des adultes, le baratin et la séduction leur arme.

*

Je ne veux plus monter dans son tracteur. Avant, ça m'embêtait, j'avais peur, mais je n'osais pas refuser. J'avais peur qu'il me projette sous une roue. Même ma mère me conjure d'y aller, pour rester à la barrière, sinon

45

il va laisser sauver les veaux. Les veaux sont plus importants que ma vie ? Je me retiens de lui hurler ma colère. Parfois j'ai l'impression qu'elle oublie ses menaces, qu'elle m'envoie à la mort. Chaque semaine il fallait leur conduire un tonneau d'eau. Alors j'y vais en vélo, même quand il pleut, et ne le laisse jamais m'approcher de moins de cinq mètres, gardant mon guidon à la main, bondissant dessus dès que possible et fuyant, me cachant à l'entrée du bois en attendant qu'il soit repassé pour repartir tranquillement.

*

Une fois par an, quand même !, j'allais quelque part avec lui sans déplaisir : à la fête de l'école. À Vublon donc. Je ne l'ai jamais vu saoul ces soirs-là. Il rapportait toujours quatre ou cinq bouteilles. Du Cognac le plus souvent.
Comme durant l'année il participait à une dizaine de concours de cartes, un rapide calcul permet d'obtenir le nombre de litres ingurgités, en plus du vin, de la bière, du Ricard…
Je jouais alors dans la cour, dans le couloir, durant quelques heures.
Où disparaissait l'argent gagné par l'école durant cette soirée ? Je ne me posais pas la question. Deux classes remplies de joueurs. Ils servaient aussi des boissons, des sandwichs. Le bénéfice annuel devait amplement dépasser le prix d'une table de ping-pong. Naturellement, aucun voyage n'était organisé… pour les élèves. La dernière année, un bus nous emmenait à la piscine d'Auchel. Sûrement, cette année-là, une partie de l'argent a servi à le payer.

*

46

Quand j'ai entendu parler de l'apartheid en Afrique du Sud, le nom de monsieur Merlier m'est revenu immédiatement. C'était donc lui, notre homme de l'apartheid, celui qui interdisait à certains la salle de la table de ping-pong.

*

À 12 ans ma mère fut retirée de l'école. C'était la guerre. 1941. Son père prisonnier en Allemagne. Je ne l'ai jamais connu, il est mort peu après sa libération. Je n'ai vu qu'une photo, un vieux tout ratatiné.

Elle avait connu l'époque où des gens mourraient vraiment de faim et une assiette pleine pour ses enfants fut sûrement sa préoccupation majeure. Même si pour cela il fallait "se sacrifier", supporter un mari "traumatisé par l'Algérie."

Personne ne lui a expliqué les machinations d'un bourreau, prompt à inventer n'importe quelle faute pour crier, injurier, humilier, exiger, asservir, justifier colères et beuveries. Et en cas de résistance, de réponse, l'accuser de folie, hystérie, méchanceté, incapacité. Ainsi débute l'ère des disputes continuelles. Il est si simple d'inventer une faute ou de transformer le moindre retard, la moindre erreur, en drame.

*

Elle avait trente ans, lui vingt-six, à leur mariage. En 1959. J'ai appris par bribes son passé : sa mère avait refusé son union avec un homme coupable d'absence de situation (agriculteur exigé !). Elle restera toujours LA cause de son malheur.

Vers 17-18 ans je lui ai demandé *"mais pourquoi tu l'as écoutée ?"*, elle avait répondu *"en ce temps-là, les enfants*

n'étaient pas comme aujourd'hui, fallait obéir."
Désaccord forcément, j'invoquais même Simone de Beauvoir ! Elle ne connaissait pas ce nom ! J'aurais dû m'en douter ! Et cette Simone n'était pas née à Hunier, alors !...

Encore aujourd'hui, si je l'interrogeais sur sa mère, elle me ressortirait forcément, invariablement, les mêmes récriminations. J'ai essayé, en 1994, depuis je sais : rien à espérer ; elle a simplement vieilli un peu plus. Je lui ai plusieurs fois balancé *"tu aurais alors dû apprendre à te mêler de ce qui te regarde."* Mais ce n'est jamais la même chose : je suis coupable. J'ai été cadre et ne le suis plus. J'ai eu des amours qui ne lui convenaient pas. Je ne vis plus avec la mère de ma fille.*"Tu vas me faire mourir... mon cœur s'emballe..."* Et si maintenant elle n'a plus ces exigences de diriger ma vie, c'est uniquement car je suis *"une tête de mule."* Et je vis loin. Mais elle n'en pense pas moins !

Ce n'est pas pareil ! Pardi, elle sait forcément ce qui est bien pour moi !

*

En juin 1980, je termine mon CM2 et monsieur Merlier, le directeur de l'école de Vublon, crée une équipe de football "benjamins" en septembre. Il me demande si je veux y jouer. Je peux y jouer un an avant de passer "minime." Je ne sais pas vraiment jouer ! J'ai simplement tapé dans un ballon dans la cour. Mais j'ai envie, oh oui, de jouer. Mon père se rase de près, met ses habits du dimanche, s'asperge d'eau de Cologne et zou chez monsieur Merlier. Il ne peut pas refuser. L'instituteur reste une figure emblématique. Il essaye d'être "digne", parler correctement, en français, il est même timide, doit ressentir toute la différence entre le bouseux et l'homme instruit.

*

Il ressentait, dans ces circonstances, la différence entre le bouseux et l'homme instruit. Comme je maudis parfois encore le fossé entre moi et les femmes auréolées d'une "bonne éducation." Avec les hommes, naturellement, je peux tricher, les relations restent superficielles. Mais face à face... au-delà du bleu de mes yeux... je me sens parfois un balourd. J'ai aimé une femme espagnole, d'une "grande famille", la petite fille d'un ministre de la deuxième République, d'avant la dictature, déjà rencontrée sur acommeamour.com. Elle m'a aimé follement aussi, quand nous échangions des mails, avec son français approximatif. *"Tu es dans ma tête..."* Elle m'a aimé follement aussi à Moissac, notre premier jour. Notre premier soir. Nous avions atteint la communion par ressenti même quand des centaines de kilomètres nous séparaient, comme je l'ai connue pour la première fois avec Karine. Elle était distinguée, gracieuse. Pas moi. *"Je ne suis pas une femme pour toi"* elle a conclu par mail... Euphémisme correct pour *"tu n'es pas un homme pour moi."* Je sais qu'elle cherchera toute sa vie, chez "les distingués", ce quelque chose de différent trouvé en moi, mais qui ne fut pas suffisant. Quand elle atteindra... un certain âge... et qu'elle regardera sa vie de femme lumineuse... il se pourrait bien qu'elle divinise notre Amour. Ce n'est pas une consolation. Nos semaines sont notre secret.
Même si j'en suis mentalement sorti, mon enfance a laissé

des traces, stigmates imperceptibles prétendraient certains qui me connaissent "bien"... sauf pour la Femme qui t'Aime et a la délicatesse de partir sur la pointe des pieds, même si elle pleure aussi durant des semaines et qu'un lien perdure alors. Elle sait qu'il lui suffit d'un mot mais elle ne peut pas le prononcer. Un blocage en elle. Alors nous nous éloignons. Cet Amour m'a naturellement changé... Elle ignorait ma grande capacité de transformation... j'ai gardé un peu de sa grâce... j'ai "toujours" su qu'il me faut rester attentif aux critiques et réactions pour progresser vraiment... en tout... Nous sommes aussi la somme de nos influences... "princesse" tu m'as élevé... tu aurais pu faire nettement plus... et surtout vivre ce Bonheur souhaité...

Fanny m'écrit alors : "*tu accordes trop d'importance au couple, à l'amour, au coup de foudre. Tu es trop romantique. Tu n'es pas réaliste...*" C'est sûrement une conséquence fut ma première réaction... mais j'ai tenu à lui préciser : ce n'était pas un coup de foudre. Mais une osmose intellectuelle avec une très grande estime réciproque pour le travail et la voie spirituelle. Nous étions dans une démarche de PARTAGE, de sérénité partagée. Mais il arrive un moment où intervient une dimension physique. Nous sommes aussi matière. Et comme l'a chanté Jacques Brel : *elle est belle et je ne suis pas beau*. Je crois en l'Amour, au couple. Les gens se mettent en situation de ne plus pouvoir PARTAGER. Elle a quitté Madrid à cause de cette vitesse. Et elle m'a quitté, simplement. Bien sûr j'étais aussi amoureux de son apparence et je comprends l'importance qu'elle accorda à la mienne. Même si la dimension spirituelle fut la base de notre union. Elle n'était donc pas LA Femme avec qui la sérénité pourra être partagée. Toi aussi, tu es belle,

Fanny... et j'ai vieilli... le temps semble l'avoir
épargnée...

*

Je sais : j'accorde une importance énorme à ce qui n'en a
peut-être plus vraiment : les propos tenus. Dire n'est pas
mentir.

*

J'avais souffert. Naturellement. Mais je parviens toujours
(enfin presque toujours) à me détacher de la douleur pour
m'observer. J'avais noté :
Ça passe si vite une vie. On n'effleure qu'une infime
partie des possibilités. Quant aux réalisées...
Vivre avec quelqu'un devrait être une décision majeure.
On peut si facilement perdre des années dans un couple
destructeur. Et pourtant le plus souvent les couples
reposent sur des bases dérisoires. Simples attirances.
Illusions.
Quitter quelqu'un aussi...
Elle m'a quitté malgré nos bases Essentielles. Pour une
raison pensée fondamentale. Un jour un doute la
surprendra puis elle pensera de plus en plus souvent à
NOUS. Mais il sera sûrement trop tard. Le pire pour moi
serait de l'attendre, stopper mon évolution pour elle...

*

Vincent et Guy sont déjà au collège, à Pernes. Je vais
prendre le grand bus avec eux. Hunier, Borodiville,
Hestrus, Tangry, Sachin et Pernes. Je suis paralysé par le
monde.

51

Quand la sonnerie retentit, les nouveaux, les sixièmes, sont priés de patienter dans la cour. Je suis encore plus inquiet. Je reste avec Agnès. À l'appel de son nom, elle part, elle est en 6ᵉ B. À la fin, il ne reste qu'un nouveau non affecté, moi. Je n'ai pas entendu mon nom. Des rires fusent. Les profs sourient, me le demandent, j'arrive à l'articuler. 6ᵉ D. Je ne connais personne.

*

Je me sens de nouveau bien en classe. Rédaction, histoire géographie, sciences physiques : premier. Deuxième en math.

*

Être une victime à la maison prédispose sûrement à l'être aussi ailleurs, ton air craintif attire les petites brutes bêtes et méchantes et ils comprennent que personne ne viendra te défendre.
À l'intérieur du collège, les CPPN, les inaptes à la quatrième, CPPN, je n'ai jamais connu la signification de ces initiales, on les appelait CPPN.
À l'extérieur, derrière les grilles, des *anciens*, une dizaine suffisaient. Pernes en Artois n'était pas "une cité." 1500 habitants à cette époque-là selon Karine. Dès que le nom "racaille" me fut connu, il me servit pour ces ennemis.
Des années plus tard, Nicolas Sarkozy a choqué la gauche prétendue bien pensante avec ce terme, mettant ainsi en exergue le décalage entre ces politiques élevés avec une cuillère en argent dans la bouche et celui parti de rien, lancé pour arriver nul part.

*

Dès le premier trimestre de la sixième, les profs ont commencé à nous barber avec une certaine Karine.

L'élève exemplaire. Durant les quatre années de collège nous ne fûmes jamais dans la même classe. Je lui ai dit *je t'Aime* pour la première fois en 2007. Elle m'a dit *je t'Aime* pour la première fois en 2007. Elle a même commencé à lancer le processus d'un bébé. Elle fut fascinée par ces sensations dans le bas du ventre, souvenir des mêmes quatorze ans plus tôt. Nous avons hésité. Elle est allée l'acheter à la pharmacie de Montcuq. Nous nous sommes assis face à face, là où nous avions fait l'amour. Et très tendrement, symboliquement, je lui ai donné la "pilule du lendemain", Norlevo 1,5 mg Lévonorgestrel.

Nous avons vécu ce qui, avant, selon nous, n'existait pas : un lien incompréhensible, une transmission de pensées, d'essence à essence. Elle me ressentait en elle, je la ressentais en moi. Elle nous prétendait "âmes sœurs" (au sens noble et quasi divin du terme). J'avais déjà eu des ressentis avec d'autres, sans jamais en parler... et de moindre intensité...

Ce récit, commencé en 1988, corrigé et abandonné régulièrement, écrit avec détachement et quasi sérénité dans les grandes lignes en 2006, où Karine n'apparaissait que furtivement, je l'ai repris grâce à elle, survalorisant son rôle, voulant tout expliquer avec elle ; je l'ai finalement terminé pour Mayline. Avant une ultime relecture, près du figuier et des tournesols...

*

Un drame. Les deux frères sont d'accord : Mitterrand président, c'est la guerre sous peu.

Qu'elle commence vite ! Et elle sera finie quand j'aurai dix-huit ans.

J'espère la guerre : je pourrai trouver une arme et le tuer incognito.

*

Nous n'avons jamais parlé. Aucune conversation comme "un père" et "un fils." Rien.

*

J'ai été baptisé Jean-Luc Petit. De manière logique, dès que je l'ai pu, j'ai changé de prénom et surtout de nom. Actuellement, presque plus personne ne m'appelle ainsi. Stéphane Ternoise s'est naturellement imposé. Sauf pour Karine. Pour elle je suis resté Jean-Luc et l'utilisation de ce prénom, certes rapidement remplacé par *"mon Amour"*, m'apparaît essentiel, niveau symbolique : elle venait d'une autre époque et notre histoire ne fut qu'une tentative pour réécrire notre vie, masquer nos échecs.

*

En rentrant du collège, ma Mickette, ma chienne adorée, n'était plus là. Il était parti en voiture avec elle, revenu sans. Pourquoi ? Elle s'est sauvée, comme unique réponse. Ma mère me raconte. Je sens bien qu'elle n'y croit pas. Quand il arrive à table, je prends mon assiette et pars dans l'autre pièce. À la porte, je me retourne, l'envie de tout lui balancer sur la tronche. Je crie *"salaud."* Il ne bouge pas, ne répond même pas. Je comprends : c'est un aveu, il a tué ma Mickette.

*

Un troisième souvenir concret de ce Patrick. C'est l'hiver 1981. Je suis donc en cinquième. Le bus nous a ramenés au ralenti. Il neige. Nous posons nos sacs et commençons une bataille de boules de neige. Il arrive tranquillement, il habite une cinquantaine de mètres plus bas. Il joue aussi en riant. Il réussit souvent à nous toucher. Plus grand plus

54

précis. Après quelques minutes, il lance uniquement sur moi. J'en suis réduit à essayer d'éviter ses véritables tirs. Lucie me prévient *"fais attention, il met des cailloux dans sa neige."* Je reprends mon sac et m'en sers comme bouclier. À reculons je repars, il me suit, m'insultant : *"espèce de dégonflé, de trouillard, de poule mouillée, tu mériterais que je te fasse bouffer ta merde, p'tit con, p'tit merdeux... "*

*

À la ferme, la mort, c'est du concret : le cochon est tué chaque année. Les poules, les poulets et lapins finissent régulièrement sur la table. Mais l'idée de mourir me terrorise. Encore plus avec cette histoire d'enfer. J'ai beau ne pas croire en leur Dieu, le néant ou l'enfer, c'est pas le Paradis. Pas d'enfer, pas de paradis : rien ; si je meurs je ne serai plus rien ; je me pose des questions existentielles, sans connaissances, sans même une existence digne de ce nom. Avec ma résolution de le tuer, je sais, dans leur logique, dans leur conditionnement, je pèche "en pensées." Mais non : tout ça, c'est de l'histoire inventée par les bourreaux pour maintenir leurs ignominies. J'ai le droit de me défendre. Je dois le tuer.

*

Le repas de Noël, c'est toujours chez l'oncle. L'oncle cadet. Après quatre fils, une fille est née, un 24 décembre. Donc le réveillon se déroule chez eux ! C'était bien. Nous étions une bonne trentaine, "des gens" vus uniquement ce soir-là, la famille de ma tante. Les enfants, ce soir-là, ne sont pas obligés de rester à table. Le plus souvent ma mère chante en fin de soirée. Ç'aurait été mieux si j'avais pu oublier qu'il faudrait repartir, qu'il conduirait, fumerait. Dès la grille franchie, il commencerait déjà à gueuler, parce qu'une phrase de ma mère ou autre chose l'aurait dérangé. Il aurait bu, oui, trop bu, mais pas plus qu'un autre. Un repas de famille bien arrosé. En rentrant il descendrait à la cave... Joyeux Noël !

*

Le football devient ma grande passion. Enfin j'existe ! Je sais bien : je suis là uniquement pour mettre en valeur la vedette programmée : le fils de monsieur Merlier. Trois ans son aîné mais incontestablement, il est le meilleur... au début de saison. De semaine en semaine je progresse ! Jouer c'est progresser. Arrière droit, je marque même presque aussi souvent que lui, avant-centre. À 15-20 mètres, ma frappe déménage, je vais même jusqu'à "scorer" cinq fois dans le même match. Seul Laurent l'avait réussi quelques semaines plus tôt. Je suis considéré, félicité...

*

Ça n'avait pourtant pas très bien débuté ! Nous avions remporté le premier tournoi auquel nous avions participé. Et reçu une coupe. Et chaque joueur une petite mascotte de footballeur en plâtre. L'un des grands frères de Laurent, je n'ai jamais su les différencier, observa nos récompenses et jugea celle du héros moins belle que d'autres. Cette différence de couleur dû lui sembler insupportable, intolérable, inexcusable, il me prit la mienne des mains et réalisa l'échange. Je n'ai pas répondu, soulagé... il m'en a quand même donné une autre...

56

Envie de pleurer. "Tout le monde" l'a vu et personne pour lui poser la main sur l'épaule, lui balancer quelque chose même de moins agressif qu'un "eh grand con, tu vas laisser ce môme tranquille, il a mérité autant que ton frère son trophée." Personne n'est intervenu.

*

Les grands frères de Laurent, d'aussi loin que je me souvienne, je les détestais. Au moins depuis le CM1, mon entrée dans la classe de Monsieur Merlier, toujours prompt à glorifier ses deux "têtes", ses deux "champions de ping-pong."

Dans la salle sous le préau : une table verte ; je l'apercevais quand la porte était ouverte mais je n'avais pas le droit d'y entrer. J'aurais voulu jouer au ping-pong. Mais interdiction : la table était réservée aux élèves de Vublon, elle avait été payée par la municipalité. Elle semblait surtout réservée aux Merlier et à leurs sparring-partners.

"Si elle est pour les élèves de Vublon, pourquoi les fils Merlier y jouent !" pense l'enfant humilié.

"Des têtes"... C'est simplement que depuis leur naissance, ces fils d'instituteurs ont des parents pour s'occuper d'eux, les gaver de savoirs... je suis certain qu'ils ne sont pas plus intelligents que moi ! Ils savent juste plus de choses.

Chaque fois qu'ils passent près de nous, je sens un regard de mépris. Seul leur petit frère existe. Je n'ai jamais su les distinguer, l'un à lunettes, l'autre sans, affirmaient certains. Mais même les prénoms, je les oubliais et aujourd'hui je suis bien incapable de les retrouver.

Ils avaient des cheveux bruns, courts naturellement, Laurent était blond.

Avec lui, sur un terrain, ce fut toujours l'entente parfaite. Il est arrivé à Pernes quand j'étais en quatrième et cette année de foot avait créé un lien même si nous nous parlions rarement.

En termes actuels : c'est alors qu'est née ma prise de conscience des injustices sociales liées à la naissance, au conditionnement. Maudit déterminisme familial et social. Et aussi : les plus prompts à s'indigner "des injustices" en sont souvent les piliers : monsieur Merlier, par petites touches, nous inculquait son socialisme, présentant ainsi le maire de Lille, Pierre Mauroy, comme un futur président de la République (nous grandissions en Giscardie).
L'un des deux fiérots poursuivait sa divine route au lycée Carnot à Arras durant mon année de seconde. En BTS sûrement. Je l'ai parfois aperçu, je sentais toujours le mépris dans son regard. J'avais 16 ans, des cheveux de plus en plus longs, un sac aux inscriptions "société tu m'auras pas ; antisocial ; peace and love, marche ou crève…"; j'imaginais ses pensées du genre "*il tourne mal ce moins que rien.*" Rebelle mais le meilleur élève de la classe, dans les matières "générales", les autres, atelier, électricité, oui électricité ou électronique peut-être, dessin industriel… non, ce n'était pas mon truc !… Mais j'avais appris à la rentrée qu'informatique était possible uniquement à partir de la première… et sur dossier… Nous avions pourtant rencontré un "conseiller d'orientation."

*

La soif de revanche fut mon essence. Et même le moteur. Chaque humiliation, amorti le choc me renvoyant au "déterminisme social", m'a toujours convaincu de viser plus haut. Au point d'en faire trop dans de nombreux domaines. Comme dans la provocation. Un procès pour diffamation est toujours entre les mains du Tribunal de Grande Instance, 17eme chambre, Paris, celle de la presse. Mais je ne me suis pas couché. J'en ai même rajouté !

*

Monsieur et madame Merlier, mademoiselle Turpin : je sais que si j'ai pu écrire six cents textes pour la chanson, dix pièces de théâtre, c'est un peu, aussi, grâce à eux. Ils auraient pu me laisser végéter dans un coin, ils m'ont sorti du néant. Avec le recul je sais qu'ils auraient pu intervenir, faire plus... mais ils auraient pu en faire nettement moins. Ils n'étaient pas parfaits mais leur humanité m'a donné confiance en une partie de l'Humanité.

*

Je ne me souviens plus vraiment de ma communion (un repas au *Lion d'Or* à St Pol) ni de ma confirmation (une gifle d'un supérieur du curé). Mais un instant religieux m'a marqué : la "retraite avant la confirmation." Trois jours à Pernes. Le matin du troisième jour, j'attendais, avec Jean-Philippe, appuyé contre un muret, quand Karine est arrivée. Au lieu de son habituel regard hautain, elle souriait et vint directement vers moi. Naturellement, il ne me reste rien de ce dialogue sûrement d'une banalité de notre âge. Quelque chose jaillissait d'elle... une lumière recherchée ensuite en vain au collège où elle reprit sa froideur.

Ce quelque chose, je l'ai sacralisé en lisant Boris Cyrulnik. Ce regard de Karine, j'en suis encore persuadé, fut essentiel dans ma résilience. Naturellement Karine ne s'en souvient plus (mais elle a de moi des tas de souvenirs du collège, évaporés de mon cerveau). Pour cela je lui ai dit merci, quand elle a voulu savoir pour quel motif *"exact"* je la recontactais en 2007. *"Je n'ai pas tout bien compris de ta résilience mais j'accepte ton merci. Il me va droit au cœur."* Je crois qu'elle découvrait le terme résilience. Je n'excluais pas *"autre chose"*, du présent, et pour la première fois figura entre nous le terme "adieu", au cas où elle jugerait inutile de continuer nos échanges. Elle répondit : *"je suis accro à tes mails."* Et tout s'accéléra. Trop vite peut-être ! En quelques jours elle trouvait un appartement, quittait l'homme avec qui elle vivait *"une relation pas très heureuse mais stabilisée"*, prenait une avocate pour gérer leur copropriété… et réalisait un test HIV pour notre première vraie rencontre.

*

Au collège de Pernes, je suis une cible. Mes bonnes notes semblent même les déranger ! Les "grands": frimeurs derrière les grilles. 17-18 ans, anciens désormais en "BEP" ou "CAP", à St Pol ou Auchel, viennent exhiber leurs muscles, essayent d'emballer des gamines. Je suis leur tête de turc. Et de leurs copains encore de l'autre côté des grilles.

En quatrième, je n'aurai même plus le droit de jouer au football le midi. Interdit de terrain a décrété un grand con !

Menaces. *"On va te casser la gueule."* Quelques mètres entre le collège et le bus. Facile de bousculer. Le samedi, il faut l'attendre, le bus. Durant une heure. Ils savent que je n'ai pas de grand frère pour me défendre. Savent-ils que je suis un gosse d'alcoolique ? C'est sûrement normal pour le directeur, les profs, les surveillants, cette présence d'anciens à la sortie, leurs gestes. Ils ne sont pas intervenus.

Eux aussi, j'ai eu envie de les butter. J'en avais marre de ce monde. Je veux partir loin de ce monde. Trouver mon paradis, loin des fous, des violents, des tarés...

*

Il gueule. Encore plus fort que d'habitude. Ma mère a enfin osé un acte de refus. Elle a porté son fusil à Heuchin, à la gendarmerie. Il était temps ! Son doigt titillait de plus en plus régulièrement la gâchette après un *"vous zigouiller."*

- De toute manière, je m'en fous... J'irai en racheter un autre... Tu ne crois quand même pas que je vais rester sans chasser (traduction toujours).

En septembre, il n'a pas repris sa carte de chasse et n'a jamais racheté de fusil. J'en suis persuadé : si ma mère avait su lui fixer des limites, il se serait conduit différemment. Inutile de me demander s'il aurait entamé une thérapie, l'époque, à la campagne, n'était pas aux psys... Il aurait peut-être pu rester un borderline tolérable... Mais, plus ou moins consciemment, cette possibilité d'après traumatisme, il s'était mis en situation de la rendre quasi impossible, en épousant une femme psychologiquement faible.

*

Je tousse.
- Tu vas crever, tuberculeux, asthmatique...

*

Vivre un jour une vraie vie. Quel miracle peut transformer ma vie ? Sa mort.
Lui vivant, impossible de vivre.

*

Le temps est notre bien le plus précieux. Sénèque déjà l'avait remarqué. Aujourd'hui, perdre une semaine, une journée, et même une heure me dégoûte. Alors je suis souvent impatient. *"La patience est notre grande vertu"*, j'écris régulièrement en citant Léo Ferré ; je sais qu'il faut du temps pour bien faire les choses mais je sais aussi le temps perdu de l'attente. Comment tenir en *pause* ? Mayline m'envoyait pourtant, deux jours avant le jour J de Bruniquel : *"qui a dit que la patience est notre vertu ??? mmmmhh ??? Quelqu'un qui n'attendait pas probablement !!"*
J'ai perdu tellement de temps.
Finalement, finalement, Mayline m'a envoyé un simple SMS *"oublie-moi. Fin de l'aventure."* Une heure plus tôt j'avais laissé sur son répondeur : *"si tu continues tu vas me perdre. La pause a trop duré. La pause est inhumaine..."* J'ai ressenti une forme de soulagement : c'était clair. Soit elle sortirait de son cercle vicieux soit je finirais bien par assumer cette énième déconvenue...
J'avais, avec ce récit, l'occupation nécessaire... Je perdais même parfois l'idée d'un travail "pour Mayline" et me sentais bien, serein. Et si vraiment Marcel Proust avait raison : *"La vraie vie, la vie enfin découverte et éclaircie, la seule vie par conséquent réellement vécue, c'est la littérature."*

*

62

Cinquième. À part en mathématiques, mes notent plongent partout au troisième trimestre.

En français : *"c'est faible. De gros efforts seraient nécessaires, mais... "*

*

Presque chaque soir je suis sur la place, pour nos minis matchs. Quand Patrick vient, me méfier est impératif : ne jamais le laisser derrière moi ; de face j'évite systématiquement ses tacles. Je suis le meilleur joueur sur le terrain. Quand ses crampons sont presque inévitables et que je les esquive pourtant, je repars. Mes partenaires refusent alors de continuer. Me rappellent. Mais je sais : il ne faut pas revenir. Ainsi il s'est presque calmé.

Je me demandais souvent pourquoi il s'acharnait contre moi. Je ne comprenais pas. J'étais simplement une victime idéale ! Sans défenseur. Pourquoi avait-il besoin d'une cible ?

Aujourd'hui je le compare à ce père : comme lui, il aurait suffi qu'un adulte respectable s'interpose, lui envoie même une simple claque à la Bayrou ! J'ignore ce qu'il est devenu. Je m'en fous.

*

Durant les vacances je me casse le bras droit. Sur le terrain de football de Vublon. 7 août 1982. Gardien, je tombe, et crac. Hôpital. Plâtre. Le dimanche, je vais voir les autres jouer. Matchs d'entraînement d'avant saison. Et c'est au bord d'un terrain que je croise Betty. Nous nous parlons naturellement. Comme aimantés. Ses copines, j'en connais quelques-unes mais rien à leur dire ! Nous nous éloignons d'elles. En septembre elle ira au collège.

Le soir, ma sœur, qui m'avait conduit, me demande si je la connaissais avant. Pourquoi ? Vous aviez l'air de bien vous entendre.

*

Il faut le tuer.
- Ne dis pas ça... Si ce n'était que pour moi, je le ferais mais le malheur retomberait aussi sur vous.
- Lui veut bien nous tuer.
- Mais lui, c'est la guerre d'Algérie qui l'a rendu comme ça. Tu ne sais pas ce que c'est la guerre.
- On n'est pas obligé d'en subir les conséquences. Quand il est allongé par terre, complètement bourré, il faudrait taper dessus avec la masse.
- Dieu nous verrait et il nous punirait.
- Il n'existe pas ton Dieu.
- Ne dis pas des choses comme ça, un jour il va intervenir et nous en débarrasser.
Et elle pleure.

*

Je passe de la constipation à la diarrhée. J'ignorais qu'il s'agit d'un syndrome classique de l'anxiété.

*

Avoir les cheveux longs, claquer les portes, ne plus parler, un regard froid, crier *"j'en ai marre !"*...
Je n'ai rien trouvé d'autre pour lutter...
Ma mère répond : *"c'est comme ça, tu ne peux rien y changer... certains ont tout à la naissance, d'autres doivent trimer toute leur vie (...) C'est comme le temps, on ne le choisit pas..."*

*

Le prof d'anglais n'aime pas les cheveux longs. Envie de lui balancer : j'aime pas les humains, les humains comme toi, qui restent dans leur coin et bavent contre mes longs crins alors que moi le soir je rentre en enfer... Je vis en colère.

Naturellement, si j'avais osé me défendre, je l'aurais vouvoyé et aucun mot aussi vindicatif ne serait sorti. J'intériorisais...

*

"J'aurais voulu être couturière, ta grand-mère n'a pas voulu... Avec un métier comme ça, j'aurais été heureuse... Apprends un métier... "

*

Quatrième. Je sombre sous les 12 de moyenne générale au premier trimestre. Puis sous les 11. Même en math, je suis relégué à la septième place.

*

Betty est donc en sixième. Nous prenons le même bus. Ses copines nous observent continuellement. Difficile de se parler. De plus en plus difficile même. Des regards mais une gêne. Nous n'osons plus. Son regard s'enflamme quand on se croise (les mots d'aujourd'hui) ; à cette époque, je lui trouvais simplement un regard différent des autres filles ; j'avais sûrement, sans m'en rendre compte, le même symptôme ! Ce fut, pour elle comme pour moi, "la première passion." Nous ne nous sommes jamais embrassés ni même serrés.

Après j'ai connu d'autres œillades aussi intenses, et je les ai vécues ces passions. Je sais bien : notre histoire n'aurait pas survécu au temps. Comme je sais bien : si j'avais contacté Karine en 1989, elle aurait refusé ma démarche littéraire et ses années (décennies ?) de vie en marge pour atteindre un niveau vivable. Elle aurait refusé : nous en avons parlé en 2007.

Tout simplement : je n'étais pas en état de vivre des amourettes au collège. Cette année de quatrième fut la plus sombre : idées de suicide.

*

Le 14 juillet : ducasse au village. Le chapiteau Lanie, *Sono 2000*. Ma mère prépare une dizaine de tartes. L'oncle et les cousins viennent manger. Nous allons au bal...

À 14 ans je commence "à sortir", ma sœur m'emmène aux ducasses les plus proches. Parfois elle prend Vincent, Guy et Lucie.

À 15 ans je sors presque chaque samedi soir. L'après-midi j'ai joué au football, avec Troisvaux, village à une dizaine de kilomètres m'ayant "recruté" après l'année en benjamins à Vublon... pour jouer avant-centre des minimes... mais finalement l'équipe minime ne se constituant pas, "surclassement" en cadet, avec des joueurs trois ou quatre ans plus âgés.

Le sport m'intéresse de moins en moins. Je me sens mieux en compagnie des filles.

À la ducasse de Troisvaux, j'embrasse pour la première fois une Valérie.

*

Le soir, quand il est couché, je reste devant la télé le plus tard possible. Jusqu'à la fin des programmes, l'écran de neige. Et je m'entraîne devant la glace à prendre les attitudes des brutes et des truands. J'ai compris : face à ce regard-là, il se tait, baisse même les yeux. Ça devient un masque. La racaille autour du collège me laisse même tranquille. Mes notes proches du passable en quatrième deviennent presque excellentes. 19 en math ! Je porte ce masque à vie ?

En 1989 Fanny donnera un nom à cette arme d'autodéfense : quelque chose d'inquiétant.

*

Karine n'aime pas quelque chose en moi. Je le sens. Et je n'aime pas quelque chose en elle.

Peut-être étais-je tout simplement jaloux face à une privilégiée ? Injuste, qu'elle puisse se consacrer aux études et pas moi. Je sentais bien : sa suprématie n'était pas une question d'intelligence mais de circonstances. Ai-je aussi cherché, en 2007, la confirmation de cette lointaine impression pour laquelle je n'avais alors pas de mots ?

Ça lui a fait mal, quelque part, du côté de l'ego, qu'un "élève moyen" (même si je terminais la troisième en tête de ma classe, j'étais resté "moyen" pour elle ; et c'était exact, le niveau des troisièmes B étant nettement moins élevé), ait pu réussir à manier la langue française au point d'écrire des chansons, du théâtre, et qu'elle, l'excellentissime, n'ait, fondamentalement, rien fait.

*

"*Il ne s'en sortira pas.*" Je me sens bien : il est à l'hôpital. Et j'ai entendu : "*Il ne s'en sortira pas.*"

Inflammation du pancréas. Trop bu.

Je l'ai cru, ce voisin ! J'étais heureux ! Il ne parlait pas en connaissances médicales, seulement par l'appât de terres à louer.

Maintenant je connais les statistiques : moins de cinq pour cent des pancréatites sont mortelles. Il s'en est sorti. Mais il fut "convalescent" quelques mois, sans une goutte d'alcool. Puis tout a recommencé, comme s'il sentait que même une rechute ne serait pas grave ou comme s'il savait préférable pour lui de vivre avec l'alcool et le risque que sans son liquide anesthésiant, euphorisant, abrutissant…

*

Comment ont-ils compris ma métamorphose ? La dégradation continue me vouait à la déconfiture en troisième puis au BEP-CAP. Mais j'étais bien à l'école ! Je me retrouvais un peu comme au CM2 ; sans "grands" à redouter. La cour était redevenue un espace de tranquillité. Je rejouais au foot. Pierre Laigle était l'incontestable meilleur, ça n'empêchait pas mon plaisir.
Dès le premier trimestre, ma moyenne générale remontait à 12,4 puis 13 et 13,8. Premier en français, math, histoire-géo, biologie, sciences physiques.
"Ensemble satisfaisant. Essayez de vous exprimer correctement" note quand même monsieur Nonchez au troisième trimestre, le prof de français. Le patois est toujours en moi, l'absence de bases solides se remarque parfois. On ne sort pas totalement indemne d'un cerveau en friche jusqu'à six ans… ni d'un tel environnement.

*

Au sujet du tabac, je suis seul contre tous. *"Les hommes ont toujours fumé."* Oui, ça la dérange aussi mais elle *"fait avec."* Traditions ! Ma sœur ne dit jamais rien non plus.
Ça me dérange et je sais : c'est mauvais pour moi : je dois sûrement pressentir l'existence d'un "tabagisme passif" et

suis trop peu civilisé, cultivé, pour balancer *"on meurt à quel âge du cancer quand on grandit enfumé ?"* Alors je pars dans l'autre pièce ou dans ma chambre. J'ouvre les fenêtres. Même lors des "repas de famille."

*

En 1992, enfin, une loi a reconnu des droits aux non-fumeurs. J'étais alors un bureaucrate, un petit cadre en informatique, à Reims, et le patron fumait. Dès la première réunion après le décret d'application, je l'ai prié d'éteindre sa cigarette. Malaise autour de la table, d'autres sortaient déjà leur paquet. Car tous connaissaient la date fatale mais attendaient le signal du patron, la première du patron, pour reléguer cette loi aux oubliettes des beaux principes sur lesquels peuvent s'asseoir les notables. Il sourit *"Si on ouvre la fenêtre, je crois que la fumée ne gênera personne."*

J'avais encore très peu de confiance en moi mais je réussis à enchaîner *"l'État protège enfin les non-fumeurs, le tabagisme passif cause autant de cancers que le tabagisme actif, je crois qu'il doit exister un local où les fumeurs peuvent aller développer leur cancer."* De toute manière, je souhaitais être licencié.

Aujourd'hui, j'aurais le verbe plus fort : *"monsieur le directeur, mesdames messieurs les clopeuses clopeurs, vous avez assassiné impunément durant des décennies, et vos crimes resteront impunis, on vous interdit enfin de ne plus nous empoisonner mais sur le passé ils font table rase. Mais nous n'oublierons pas : vous nous avez méprisé car la loi était de votre côté alors aujourd'hui ayez au moins la décence de ne pas l'enfreindre..."* Je ne pourrai vraiment plus côtoyer des gens pareils...

*

Personne n'a eu la réaction nécessaire. Le "il aurait fallu" n'a aucun sens. Nous n'avons pas su gérer le cas difficile auquel nous étions confrontés.

Il n'a pas su gérer son retour d'Algérie et tout s'est enchaîné. Ma mère n'a pas su gérer les premières paroles, les premiers gestes inacceptables. Engrenage.

Engrenage de tout temps. Comment Karine a pu accepter de laisser un crétin souiller son essence à partir de l'an 2000, la transformer en amante puis la réifier quand elle a cru tenir son bonheur en devenant "officielle", l'entraîner dans une relation de confrontations ?

Même "les hautes études", une culture, ne protègent pas contre un tel piège. Qu'ont d'attirant ces hommes dangereux pour réussir à emprisonner ? Par quoi sont aveuglées les femmes ? Elles pensent "il a changé" et il va redevenir "comme avant." Quand il frappe : "il a pété un plomb" et elles pardonnent. Non ! Il n'a pas changé : c'est toi qui n'as pas vu l'Essentiel. Mayline, si souvent victime de pervers psychotiques. Mayline déboussolée par le naufrage de son couple (après six mois de mariage) chercha même en moi toutes les maladies psychiques imaginaires pour justifier ma mise en *pause* ! Puisque eux aussi l'avaient prétendue merveilleuse avant de… Comment dire *je t'Aime* à une femme qui fut violée ?

*

Ah Mayline ! J'ai été le premier homme à me comporter en père avec ses enfants ! C'était naturel pour moi. Trop beau pour être vrai pour elle ! Simplement : leur donner à manger, participer au bain. Pour ses psychotiques c'était son rôle et basta. Et l'homme suprême devait être servi avant les enfants, il avait travaillé, lui ! Ça n'a duré que quelques jours. Quand deviendra-t-elle nostalgique de cette harmonie-là comme elle l'est de son enfance ?... son enfance africaine...

*

Dimanche de repas. Je dois toujours me taire. Comme les cousins. Il faut se taire, laisser parler "les hommes."
J'écoute et je comprends : nous n'avons aucun lien, des étrangers ; vous n'êtes pas ma famille ; je n'ai pas de famille. Je rêve d'autre chose. Mais quoi ? Comment pourrait-il y avoir autre chose ? Un miracle ? Leur Dieu ?
Je pars dans ma chambre écouter Renaud "Société tu m'auras pas." J'apprends par cœur "Hexagone."

*

Même la racaille derrière les grilles le sait : j'ai découvert le classement dans l'ordre du *onze d'or 1982*. Rossi, Giresse, Falcao. Je suis l'un des onze gagnants du mensuel *Onze* et assisterai à la finale de la coupe d'Europe des clubs champions en Grèce, à Athènes.
Ma mère souhaite m'en empêcher : l'avion va exploser, je vais me perdre, être kidnappé, assassiné...
Hambourg contre Juventus. Je veux y aller ! J'irai ! Viva Platini !
Le prof de sport regrette de ne pas m'avoir demandé conseil ! Lui aussi me regarde autrement : il me recrute même pour jouer au club local, nettement plus huppé que Troisvaux. J'y resterai un an. Ils veulent tous savoir comment j'ai fait.
Être le meilleur pour exister ! J'ai simplement réfléchi, lu le numéro qui présentait le concours, avec une extrême attention aux commentaires des journalistes sur chaque joueur.
Réfléchir. Réfléchir. Toujours réfléchir avant d'agir...

*

Je me sens encore mal à l'aise avec une foule : je sais qu'à l'intérieur rôdent forcément quelques types comme lui. Je sais aussi comment une foule se manipule et pourrait se jeter sur un être différent. Je reste "un être différent." C'est à vie, ça. On peut guérir de cette enfance mais la route nous éloigne alors définitivement des humains à la dérive. J'ai cherché ma voie. C'est peut-être une chance, quand on l'assume, quand on évite ensuite de prendre une lanterne pour le Soleil.

*

Monsieur Bouley, le prof de math, m'a, d'office, inscrit à l'initiation informatique du midi, le mardi et le vendredi. Son meilleur élève en mathématiques de 3eme B. Même presque au niveau de Karine, l'indétrônable de l'autre classe et ses 20 sur 20.
Le collège venait de recevoir un ordinateur et il était le seul à oser essayer de l'utiliser. *"L'informatique c'est l'avenir. Un jour tout se fera avec un ordinateur."* Il avait sûrement lu cet argument dans une revue ! Monsieur Bouley lisait des revues informatiques ! Il n'a jamais réussi à nous transmettre son enthousiasme, même pas à nous faire comprendre à quoi pourrait vraiment servir cet écran associé à une machine à écrire (avec lequel on ne pouvait même pas capter *Canal+*). Son plus bel exposé, si je me souviens bien, se référa à un merveilleux programme, où il suffisait de rentrer dans la bête des textes d'Arthur Rimbaud puis d'autres de Charles Baudelaire et l'imprimante crachait un charabia inédit, remplaçant les verbes de l'un par les verbes de l'autre, idem pour les adjectifs et les adverbes. Il s'était enflammé comme s'il avait découvert, au moins, le théorème de Pythagore…

*

Troisième. "Le choix de l'orientation."
- Fais un BEP comme tout le monde, au moins t'auras un métier.
Ma mère m'aurait bien vu boulanger ou pâtissier. Faire ses heures et recevoir son salaire à la fin du mois, quelle belle vie ce serait... Pardi, le BEP, toutes et tous ne l'obtenaient pas au village. C'était le BEP ou les études agricoles pour reprendre la ferme.
Quelle horreur, un BEP ! Ou un CAP. Je n'ai jamais cherché à connaître la différence. Certains font l'un puis l'autre. Si j'avais suivi ma dérive scolaire, c'était mon destin ! C'aurait été retrouver les plus médiocres de la classe. Les meilleurs iront au lycée Châtelet à St Pol ou au lycée Lavoisier d'Auchel. Je suis désormais parmi les meilleurs. *"Le bac, c'est difficile, tout le monde le dit."* Ma mère doit m'avoir répondu une banalité aussi utile. "Faire des études" se limitait donc à obtenir un diplôme pour devenir ouvrier ! J'avais décidé. J'avais déjà compris : il me faut décider seul, je ne peux rien espérer des autres.

Mais St Pol, le lycée Châtelet, ce serait prendre le bus. Et dans le bus, côtoyer la racaille BEP CAP, les petites terreurs de la grille...
En second choix, je notais "bac informatique", en premier "centre de formation du RC Lens."

L'informatique c'est Arras. Oui, Lens ou Arras, ce serait enfin autre chose, loin, loin.

Karine ira au lycée Châtelet. L'idée ne me vient même pas de choisir en fonction d'elle. Il aurait sûrement été très romantique d'avoir pensé *"Karine, je ne t'oublierai pas, un jour, un jour... Mais là où je dois passer personne* ne peut m'accompagner... Si j'en sors vivant je serai écrivain... et alors peu importe où tu sois... nous serons heureux... "

Je parle de moins en moins. Ils prétendent "il se renferme"... La conscience de ce que je dois faire s'incruste en moi : je sais que je suis le seul à pouvoir mettre fin à l'oppression. Arras ou Reims je trouverai la solution...

*

La secrétaire du mensuel *Onze*, venue m'attendre à la gare du Nord (je suis le seul lauréat mineur), s'exclame en souriant *"ta mère n'est pas commode, elle voulait qu'on vienne te chercher en taxi !"* Je me sens bien avec elle. Ah son sourire ! Sûrement déjà aussi beau que le sourire d'une princesse espagnole !

Elle m'emmène au bureau de *Onze*... Quel était son âge ? 25-30 sûrement... quand nous sommes descendus du taxi, l'immeuble ressemblait tellement à une tour habitable qu'une pensée m'assaillit : pourvu qu'elle m'emmène chez elle... et me fasse découvrir l'amour... Mais c'est le bureau de *Onze* et elle me présente le directeur... il sera du voyage, elle non. J'aurais voulu rester des heures avec elle ! Comme elle est classe !

Mes oreilles bourdonnent dans l'avion. Comme le monde est grand. Comme c'est beau vu d'en haut ! Nous sommes au dessus des nuages ! Au travers du hublot je vois ces nuages, la mer, la terre. Une vie comme ça, ce serait bien. J'ignore tout de Socrate, Platon, Aristote, je vois "des ruines."

À ce jour mon unique voyage en avion.

*

Ai-je survalorisé mon ressenti pour Karine en revoyant mes années-collège ?

Oui, je ressentais "quelque chose"; je n'avais pas de mots alors ; avec ceux d'aujourd'hui : attirance spirituelle, sensorielle. Attirance née d'une admiration pour ses bonnes notes. Elle représentait LE SAVOIR. Même avant la sixième, Agnès et Nadège, à l'école de Vublon, exerçaient une attraction sur moi. Je les enviais.

C'est maintenant une certitude : je ne pourrai plus Aimer une Femme sans union spirituelle. J'ai si longtemps cherché le savoir dans la beauté et souffert du vide intérieur, de cette solitude à deux…

*

Ai-je vraiment eu la sensation que ce lien supplantait l'attirance pour Betty ?

Plus objectivement : Karine et Betty furent deux faces de mon incapacité à vivre. J'avais honte d'un tel père. J'ignorais qu'il ne faut jamais avoir honte de ce dont nous ne sommes pas responsables. J'ignorais que si je leur avais simplement raconté la vérité, elles n'auraient pas forcément fui. J'ignorais que si nous avions vécu un amour de jeunesse, elles ne se seraient pas souciées de cet individu. J'ignorais que cet amour de jeunesse n'aurait peut-être pas été l'amour de toute une vie et s'il l'avait été, la Femme de ma vie aurait vraiment été avec moi, même "contre le monde entier."

J'étais un enfant auquel les parents ont réussi à transmettre une seule valeur : la peur.

*

Karine a vu en 2007 mon reflet de 1983. Idiote va ! Comme si en 1983 j'aurais pu accorder une telle confiance à quelqu'un, même en Toi ! Chaque être était potentiellement dangereux.

En me renvoyant à 1983, Karine a surtout avoué son échec. 1988-2007, où j'ai tout fait pour progresser, elle l'a vécu comme la suite de l'enfance, mais sans les parents pour la protéger, avec une naïveté effarante, au point de n'être qu'un objet sous les griffes d'un commercial, tout en se prétendant féministe... car indépendante via son salaire d'ingérieure. Ingéniu-nieuse-niaise va ! Ingénue même !

Une grande compassion pour son échec est montée en moi : en me trahissant, en me méprisant, en ne dénonçant même pas celui qui en son nom m'avait menacé de mort, elle tomba plus bas que les droguées de mes désillusions.

Lui en vouloir ? Oh non ! J'ai eu besoin de vivre cette aventure. Quelque chose en moi n'y croyait pas. Et je l'ai vraiment compris en l'attendant gare d'Agen. Avec Karine, je n'aurais jamais tout partagé.

*

Ma sœur me conduit à Lens. Mon dossier scolaire me permettant de participer à la journée de sélection du RC Lens.

"Si tu deviens footballeur, je serai comme le père de Johnny Hallyday, je n'aurai plus à travailler, tu me donneras des sous et je pourrai boire tant que je voudrai." Une semaine avant la date fatidique, il fut calme ! Mais ça ne changeait rien, je dormais avec la fenêtre ouverte. Je n'avais pas compris, qu'en réalité, sa bave d'un midi, il y croyait, son plan devait lui sembler

76

très cohérent : maintenir la mère et la sœur sous son emprise et ainsi le footballeur l'aurait entretenu. La cohérence du bourreau. J'étais certain d'échouer, lucide sur mon niveau, surtout ma condition physique.
- T'es vraiment qu'un bon à rien.
- Si j'avais une famille normale, j'aurais été retenu.
- T'es vraiment qu'un bon à rien.
- Mais tu n'as pas encore compris que tu emmerdes tout le monde, que tu empêches tout le monde de vivre. Crève !

*

Arras. Lycée Carnot. "Seconde de détermination à option technologique." Plus de place à l'internat. Train gratuit. Mais la maison du malheur est à neuf kilomètres de la gare de Saint Pol. Chaque matin, neuf kilomètres de voiture, avec lui ; rapidement : peur de mourir.
Surtout rester vigilant, la main gauche sur la fermeture de la ceinture de sécurité, le sac d'école avec une plaque de fer (subtilisée en atelier, derrière le dos de monsieur Monborgne) dans un classeur, posé au niveau du cœur, le cran d'arrêt (armurerie d'Arras) dans la poche du sac la plus rapidement accessible par la main droite, main prête à tout, à parer le moindre geste.
Le geste : le meurtre, par exemple un coup sur la nuque pour ensuite simuler une mort par coup du lapin lors d'un accident ; scénario probable de la maison à la départementale, route communale où l'on croise si rarement quelqu'un. 1,2 kilomètre.
L'accident, probablement sur la départementale. Deux virages consécutifs : il suffit de catapulter le côté droit dans la première maison. Au troisième virage, un arbre : je suis à "la place du mort." Pour être certain de

m'assassiner, j'en suis persuadé, il tenterait de retirer ma ceinture de sécurité.

L'entrée dans Saint Pol est presque un apaisement. Quand même : juste avant la gare, la nationale 39 à couper. Il prendrait le risque de traverser quand un camion déboule de Frévent ? Là, aucune parade. S'il est prêt à mourir avec moi, je suis perdu. Mais non, il veut pouvoir savourer sa réussite, jouer au père meurtri (jusqu'à se mettre dans la peau du père de son ami égorgé dans le maquis algérien ?), recevoir les "sincères" condoléances, héros debout devant le cercueil de son fils mort au nom de l'automobile divine. Et ensuite pouvoir balancer à ma mère et à ma sœur : "je l'ai tué, ce vaurien."

J'avais 16 ans. J'avais 17 ans. J'avais 18 ans. Chaque matin l'estomac noué. Le soir ma sœur venait me rechercher.

*

Je n'ai jamais eu peur dans les rues ni dans les lycées d'Arras. Dès le premier jour j'avais un masque. Et tous m'ont cru ainsi : un peu bizarre, un peu inquiétant. Je souriais rarement. Sauf avec Christine. Je parlais très peu. Sauf avec Christine.

*

Leur dentier dans un verre, le soir. L'un de mes dégoûts. Quand j'ai mal aux dents *"ça t'apprendra à vivre"* et aussi *"arrache tout"* ; il sortait alors son haut de dentier et ricanait ; *"tu seras comme ça aussi."*

Pas de dentifrice à la maison.

J'ai souffert chez le dentiste. Nombreuses caries. Je

prenais rendez-vous après le retour du train et ma sœur venait me rechercher sur la place des impôts. Ça servait à rien d'aller chez le dentiste ! Les dents sont faites pour tomber, sinon on ne fabriquerait pas de dentiers. Je faisais perdre du temps à ma sœur. En sortant toujours plus tard que l'heure prévue. Mais si j'aimais souffrir ! C'était gratuit alors ils ne m'ont pas empêché. D'Arras j'ai ramené brosse à dents et dentifrice.

Ma sœur a un appareil depuis longtemps. Un jour elle a bien dû passer à l'arrachage. Mes dents sont une forme de fierté. Une victoire. J'ai lutté pour elles.

*

Il m'a forcément fallu des tonnes d'illusions avec le poids puis les souvenirs de cette enfance. Naturellement les désillusions m'ont fermé des portes, m'ont entraîné dans l'anxiété, la déprime. Mais je m'étais juré de m'en sortir, transformer ma vie, la transcender. Et encore aujourd'hui, au fond du gouffre Maylinien, confronté à cette inacceptable incompréhensible indigne *pause*, je me tourne vers cet engagement pour apercevoir une lueur, faute de lumière.

Je sais bien : je me fais un peu de cinéma : je pourrais sourire et laisser Mayline à ses psychotiques, psychopathes, psychorigides... J'ai peut-être besoin de ces grandes trahisons pour trouver la force d'assumer mon physique dégradé et mon ambition littéraire intacte.

Ces jours-ci, je pense souvent à une phrase de Céline, dans *Voyage au bout de la nuit* : *"C'est peut-être ça qu'on cherche à travers la vie, le plus grand chagrin pour devenir soi-même avant de mourir."*

Mayline a tellement de problèmes à résoudre avant de pouvoir vivre l'Amour sereinement... Mayline est une nouvelle illusion, m'affirme souvent ma lucidité mais naturellement quelque chose en moi refuse cette voix. Parfois je fredonne "*Mayline est folle*" sur un air de William Sheller. Plus possible de chanter "*un homme heureux.*"

*

"*T'as mangé ton pain blanc avant ton pain bis*" (dois-je encore préciser qu'il s'agit toujours d'une traduction ? Depuis le film ch'ti je pourrais même écrire comme j'entendais mais je me sens appartenir à la langue française…).
Il prétendait que j'avais une belle vie !
Les autres enfants de mon âge aidaient leur père… Et ma mère aussi, parfois, abondait dans ce sens : j'exagérais ! Car quand même, elle me donnait de l'argent… alors que les autres, les autres, leur mère le gardait pour elle, l'argent, pour s'acheter de beaux habits… alors qu'elle, elle préférait se priver…
J'ignorais, naturellement, tout de la réalité psychique des prétentions au sacrifice, et régulièrement me sentais ainsi vaguement coupable. Mais quelque chose en moi me poussait à résister face à cette culpabilisation. Elle aussi souffrait d'une maladie psychique : se complaire dans l'idée du sacrifice. Nous avons certes tous nos petites affections mentales, infections, mais celle-là est très judéo-chrétienne…

*

J'avais 17 ans quand ma grand-mère est revenue. La cousine, à la retraite, n'avait plus besoin d'elle. Il a gueulé qu'il ne voulait pas la voir chez lui. Sans élever la voix, elle lui a rappelé les termes de l'arrangement, sa

80

jouissance d'une pièce au rez-de-chaussée et d'une à l'étage, celle devenue la chambre de ma sœur. Elle n'avait pas besoin de son accord pour vivre chez elle, la maison lui appartenait et si elle n'avait pas signé, il n'aurait même pas pu bâtir son étable ! Qu'il n'oublie pas qu'elle est toujours propriétaire des terres et qu'il ne paye aucun fermage depuis des années !

Il continua à vociférer. Mais plus devant elle. Elle sépara en deux sa pièce avec un rideau, cuisine et chambre.

*

Pour la première fois quelqu'un jouait avec moi. Aux dames surtout. Elle croyait que je trichais... elle n'a jamais gagné !

Parfois elle laissait échapper un *"c'est bien malheureux d'avoir un père pareil."*

*

Je prenais mon assiette et mangeais avec ma grand-mère. On ne pardonne pas à un tueur de chien. Ma mère affirma régulièrement que j'en faisais trop, me demandait de rester les jours où *"il est normal."* Parfois normal un tel type !?

*

Elle me donnait parfois un billet. Elle ignorait ceux de ma mère. *"Tu ne le diras à personne."* Rarement. Aujourd'hui je crois bien qu'elle se privait pour ce cadeau. Il me semblait dérisoire et je remerciais à la hauteur de ce dérisoire. Personne ne m'a appris à dire merci. Comme à manger la bouche fermée. Elle ne se plaignait jamais mais sa pension devait friser les trois fois rien.

*

Ma mère me filait un tas de billets. J'en portais régulièrement à la *Caisse d'Épargne*. Je dépensais le moins possible. Je savais les millions de découverts à la banque.

"Un jour il faudra tout vendre" (la conscience de cet inéluctable relativise sa prétention à rester au motif d'une ferme transmise par ses parents… simplement, partir, *"ça ne se fait pas"*!)

Il dépensait des sommes de plus en plus faramineuses dans les bistrots, surtout chez son Leboc.

Rien que la vente du lait rapportait chaque mois au moins cinq ou six smics de l'époque.

Derrière mes posters, s'accumulaient les cachettes de rectangles de cent francs. Ma mère retirait chaque mois la même somme que lui. Ma sœur en recevait en qualité d'aide familiale, il le savait, et "un peu" à moi.

*

Je me pensais "un Karine": le meilleur de ma classe. Certes, avec une restriction : une moyenne limitée à 13-15.

Naturellement, j'ignorais qu'elle subissait une pente descendante, certes en restant toujours *"une bonne élève"* et perdrait même le leadership dans son école d'ingénieur (*"dans les dix premiers quand même"*).

Et ce que j'avais pressenti vers 18 ans, l'une des dernières fois de ma période 1 où j'avais pensé à elle, s'avérait exact : elle bûchait, bûchait, bûchait, pour obtenir de tels résultats. *"Tout le monde croyait que c'était facile pour moi, alors que j'apprenais, j'apprenais, j'apprenais, j'y passais ma vie."* Elle apprenait et je comprenais. C'est venu naturellement, réflexe d'enfant pas en état d'apprendre mais conscient de devoir "suivre."

Maintenant je sais : c'était la meilleure des voies, comprendre plutôt qu'apprendre "par cœur": il faudrait l'expliquer aux mômes. Elle a ingurgité du savoir, elle a presque tout oublié mais elle dispose du sacro-saint diplôme d'ingénieur. J'ai intériorisé la compréhension. Elle s'est robotisée. Et malgré sa prétention de "femme de cœur" j'ai retrouvé, connu, une femme froide, persuadée d'avoir tout compris quand elle sait, assez similaire à son "ex-mari": binaire, de cette dichotomie qu'elle lui reprochait, victime de la même formation, même si parfois la Karine sensible, originelle, se bottait le cœur et les méninges, alors elle tombait en nostalgie, rêva des heures à voix haute au téléphone et susurra *je t'aime* à un être si différent d'elle en apparence et en profondeur : moi.

*

Des tribunes, j'entends *si tu marques je te tue.* Je pose le ballon sur le point blanc, essaye de faire le vide, l'arbitre siffle, une pensée de ce maudit père me traverse, d'une feinte je prends le gardien à contre-pied mais le ballon passe vingt centimètres à la gauche du poteau droit. Pour la première fois je rate un penalty. Nous perdons le match. Ils m'en veulent. Je me retiens de répondre *tu n'avais qu'à aller casser la gueule du mec qui m'a menacé.* Je sais bien, ça les aurait fait rire. C'est le rôle des supporters de mettre la pression sur l'adversaire. *Tu n'es quand même pas con au point d'avoir eu peur.* Je sais, il aurait eu raison celui qui m'aurait ainsi rabroué. Mais oui, malgré mes cheveux longs, j'ai eu peur.

*

J'aurais pu réussir dans le football. Si j'avais eu le soutien d'une famille équilibrée et un entraîneur digne de ce nom. Ni l'un ni l'autre. Le plus souvent, avant le match, je prenais un médicament contre la migraine et luttais contre la fatigue.

À 19 ans j'ai tout arrêté. Le fils du président présidait sur le terrain, un type venu de St Pol se prétendait entraîneur. Je n'étais pas de leur clan. De toute manière, je m'en foutais : j'avais découvert la littérature et j'avais compris qu'elle seule pouvait me sauver… pas seulement me guérir mais donner un sens à ma vie.

*

"Tu l'auras jamais ton permis, tu n'es qu'un bon à rien."
Je tremble au volant de l'auto-école. Je tremble même aux leçons de code. Je connais le livret presque par cœur et pourtant deux fois j'échoue, trois fois j'échoue à la conduite. J'ai appris par cœur, oui ! J'avais tellement peur d'échouer.

Pourquoi personne ne s'est soucié de mon état ? Partout, je me sentais en danger. Avec Christine, j'étais bien.

*

Vincent raconte au moins pour la dixième fois son aventure : l'orage alors qu'il rentrait les vaches et une boule de feu ; il s'est jeté par terre et elle est passée au-dessus de lui.

Je ne partage pas l'admiration ni les frémissements. Je pense *"C'est chaque jour qu'une boule de feu est au-dessus de ma tête. Mais ça vous vous en foutez. De toute manière, on ne va pas rechercher les vaches pendant l'orage. À ma place, tu serais mort depuis longtemps…"*
Selon eux, j'ai changé depuis mon départ à Arras ! Je suis

bizarre, oui. Le Patrick, s'il me voit, ne tente même plus un geste agressif. Ma froideur, mes cheveux longs, une ceinture cloutée, mes jeans aux inscriptions nihilistes... Dès que Guy a eu son permis, je suis parti avec lui, les samedis et dimanches, puis Vincent a eu le sien et finalement moi. Quelques mois la rotation d'une fois sur trois fonctionna. Puis chacun a pris systématiquement sa voiture. Une fille à aller chercher ou à raccompagner (et même si c'est pas certain c'est toujours possible)...

J'ai de "*mauvaises fréquentations.*" Forcément : "*tout le monde le dit* "!

Je sors même avec une fille-mère, cousine du délinquant le plus redouté de la région. Une Valérie. Ma mère l'apprend au marché de Saint Pol... Drame ! Premières relations sexuelles... sans vrai plaisir...

*

Il appréciait les orages. Je ne comprenais pas. S'il était à table, il se levait tranquillement, gagnait la remise, ouvrait la porte extérieure et regardait l'orage. Il revenait "différent", maintenant je dirais "apaisé", pas souriant quand même mais sans agressivité. Il ne buvait pas. Je suis désormais persuadé qu'en Algérie, l'orage c'était bon signe, la quasi certitude de ne pas tomber dans une embuscade ou être attaqué par les fellaghas.

*

Pourquoi ai-je des parents aussi nuls ? Un père poivrot et une mère incapable de le butter ? Colères. Rêves. Colères. Rêves. Il faut qu'il crève.

*

"Tout le monde a un ange gardien qui le protège." Foutaise je pense, *"t'es sûre ?",* je réponds en souriant. À Christine. Christine ignorait tout de ma vraie vie "au village." C'était mon secret, ma honte. Et je ne faisais rien pour basculer de l'amitié à l'amour. Après la seconde de détermination, j'avais rempli un dossier pour le bac H, H comme Informatique, au lycée Guy Mollet. Huit cents candidats pour vingt-quatre places. D'abord un écrémage puis une épreuve écrite de sélection. Des tests de logique. Assis, face à cette feuille, je n'ai pas tremblé. Je suis retenu. J'apprendrai plus tard avoir terminé en deuxième position.

Le lycée Guy Mollet : "derrière la gare." Un kilomètre à pied. Christine était en comptabilité. Nos regards se sont croisés des mois avant que Laetitia nous présente. Aimantés. Laetitia était en bac H et j'ignorais qu'elle vivait près de chez Christine.

*

Tant qu'il vivra, l'amour me sera interdit. Je savais qu'il me serait impossible de "présenter une fille." J'étais vraiment encore idiot ! J'avais gobé cette baliverne du *"présenter la fille",* j'avais même cru les filles vouées à penser "tel père tel fils" si elles l'apercevaient. Pauvre idiot : leurs âneries s'étaient incrustées en moi. Leurs : mon père, ma mère, mes oncles. Les cousins plus âgés avaient ramené une fille, rapidement épousée. Je n'avais pas encore réalisé qu'ils jacassaient sur leur minuscule monde, sans la moindre connaissance, resservaient traditions et balivernes. Ils n'avaient jamais été formés à réfléchir. Je raisonnais sur d'autres sujets mais n'avais pas encore capté l'urgence de rénover toutes mes fondations, nettoyer mon esprit de leurs poisons. Alors j'avais "des copines", j'en parlais même à Christine, des filles du samedi soir, pour quelques soirées, au mieux mois, elle était "la confidente"; à part ce père, je n'avais pour elle aucun secret.

Comme elle devait souffrir de ma "retenue"! Je n'ai jamais osé. Le samedi soir, c'était facile : la musique, le noir... inviter une fille à danser, lui sourire, lui parler est presque inutile, l'effleurer, la serrer, attendre une réponse physique identique... c'était facile... Mais en pleine lumière, je perdais tout moyen. Oui, avant 31 ans, je les ai toutes connues dans le bruit, les filles d'amour.

J'en suis désormais persuadé : Christine en conclut que j'éprouvais "uniquement de l'amitié." Je me sentais bien ; je croyais, près de ma brune aux yeux couleur noisette, ne plus penser à ce père ignoble mais pourtant il était toujours là. Sinon j'aurais osé. On s'est raté. Je l'ai recontactée quand je vivais 22 rue des trois visages à Arras, après le départ d'Angélique. Une petite lettre chez ses parents. Elle m'avait immédiatement répondu, elle avait un enfant.

Durant quelques mois on se téléphonait le soir. Quand son mari, une semaine sur deux, travaillait. Je l'avais invitée dans mon deux pièces. Elle avait envie de venir... Elle était venue jusqu'à la porte sans oser sonner. Je préparais mon départ pour Reims. Elle n'est donc jamais venue. Nous ne nous sommes jamais revus. Elle a sûrement eu raison : être amants quelques mois aurait servi à quoi ?

Elle n'avait peut-être pas la profondeur de Karine mais une véritable vie spirituelle. Elle avait parfois dans le regard une flamme. Fut-elle la fusion de Karine et Betty que j'ai cru n'avoir jamais rencontrée ?

En 1991 elle n'aimait déjà plus sa vie, son HLM, se croyait condamnée à ça, le faible salaire de son mari, ses difficultés à décrocher un job fixe... Elle a sûrement compris durant ces mois-là que je l'aimais depuis nos premiers regards. Elle ne s'imaginait pourtant pas quitter son insipide foyer : ils avaient grandi dans la même rue, leurs parents étaient amis. Elle ne pouvait pas faire cela. Un autre "ça ne se fait pas." Putain ! Mais nous n'avons qu'une vie !... Il faudra combien de générations ?... J'étais perturbé par ma rupture avec Angélique mais aujourd'hui, j'imagine sa douleur en prononçant ces phrases. Et je l'imagine bien dans une tour, la télé allumée, nostalgique de *notre lycée Guy Mollet*, définitivement écrasée, dégoûtée. Et je sais que ce naufrage j'y ai participé, qu'*il* y a participé. Victime collatérale. Comme je suis une victime collatérale des viols subis par Mayline. Putains d'engrenages. Maudites conséquences. On comprend toujours trop tard ? Maudite ignorance de l'Essentiel.

Karine, Betty, Christine : je n'ai "rien" vécu avec vous. Et vous n'avez rien su de mon drame au moment où cette confidence aurait pu tout changer. Qui m'aurait répondu : "je m'en fous, je t'Aime"? Christine sûrement. Betty sûrement. Karine m'a toujours semblé préoccupée des apparences (et elle me l'a confirmé en 2007).

Nous n'avons pas eu la possibilité de savoir si nous étions associables ! La récente aventure avec Karine n'étant qu'une illusion de quasi quadras lucides sur leur échec sentimental et tentant un coup de poker.

*

Si j'avais vraiment eu de "mauvaises fréquentations", il

s'en serait bien trouvé une pour me persuader de virer délinquant... m'entraîner dans les premières conneries, cramer une voiture juste par colère, casser une vitrine... Mais je me méfiais des gens, donc des délinquants aussi... c'est sûrement cette méfiance qui m'a permis de ne pas sombrer dans une autre impasse... Mais ça s'est joué à peu...

*

Les gens du village furent naturellement scolarisés ! C'était obligatoire ! Sacré Charlemagne ! (Jules Ferry, ils ne connaissaient pas) Mais je suis le premier à avoir décroché le bac. La "modernité" les avait rattrapés, par la télévision. Mais, fondamentalement, trop tard pour eux : ils vivaient comme avaient pu vivre leurs ancêtres cent ou deux cents ans plus tôt, simplement plus confortablement, pas plus heureux, ils reproduisaient le vécu de leur enfance, avaient revêtu le costume des parents, comme ce fut le cas durant des millénaires. Des haines duraient depuis des générations.
Lire des livres, c'était "s'empoisonner la caboche."
Le village caracole toujours en tête dans les classements du département au pourcentage du vote Le Pen. Ignorance plus télévision... et si ce bled n'était qu'un laboratoire de la France du XXIeme siècle ? Certes la culture est en ligne mais les internautes recherchent d'abord une photo de Clara Morgane nue ou l'inaccessible sein désiré de Sophie Marceau.

*

Il bave : *tu ne feras jamais rien.*
Je vomis : *va te faire foutre, crève.*

J'ai dix-huit ans, ça ne pourra plus durer longtemps. J'ai obtenu le bac. Je continue en BTS, toujours au lycée Guy Mollet.

*

Le samedi matin, le plus souvent je sèche les cours, devenu le roi de l'absentéisme toléré au motif d'excellentes notes et je pars vers treize heures, reviens le lendemain matin. Je me lève le plus tôt possible… jamais avant midi, mange peu, et repars à Auchel, voir Fabienne. Le plus souvent, quand il fait clair, nous nous embrassons langoureusement et passionnément dans la voiture, sur une place peu passagère du centre. Puis nous partons à *Sono 2000*, discothèque où nous nous sommes connus, y restons quelques heures et rejoignons notre endroit tranquille où nous aimer, notre repaire discret, un minuscule chemin de terre après une petite route, entre Burel et Vublon.

Après six mois, elle me reproche "*c'est tout le temps la même chose.*" Je suis bien, avec Fabienne. Ça me suffit ce bonheur simple d'être ensemble, s'embrasser, se parler très peu.

Je comprends qu'elle se soit lassée ! Depuis le début, elle me considérait "très renfermé." J'aimais l'écouter, la dévorer des yeux, la caresser. Son regard m'envoûtait. Quel regard avais-je ? Sûrement proche du sien, celui de la passion ! Elle s'était arrêtée de fumer "pour moi." Je voyais ses parents quand j'allais la chercher, elle n'a jamais vu les miens. Naturellement, jamais je ne lui ai parlé du monstre. Elle croisait ma sœur le samedi soir, leurs relations se limitaient néanmoins à quatre bises.

Depuis j'ai compris : elle m'a vraiment donné beaucoup

d'amour, elle m'aimait passionnément pour supporter une telle routine mais j'étais incapable de vivre vraiment. L'innommable me paralysait.

Je n'ai pas eu la force de lui dire, ni lui écrire, que c'était de l'inconnu pour moi, vacances, camping, mer…

Quelques années plus tard, j'ai su qu'elle avait un enfant. J'en suis persuadé : durant ces mois elle a rêvé de ce bonheur ensemble. Sensuellement, tu m'as éveillé, Fabienne.

*

J'avoue ne jamais alors penser à Karine. N'avoir donc jamais essayé de la revoir. Je "tombais facilement" amoureux. Enthousiasmes. Et si j'avais comparé ces filles à Karine, je les aurais décrites nettement mieux physiquement mais sans le petit quelque chose de fort à l'intérieur. Je dirais maintenant : sans son potentiel de profondeur spirituelle. Mais qu'en fera-t-elle de ce potentiel ?

*

Triste de la décision de Fabienne mais fataliste : je savais bien que ce n'était pas possible, avec un père comme le mien. Forcément, tout était provisoire, du bon temps gagné contre la fatalité, même pas du bonheur. Ces relations "duraient" au maximum quelques semaines (quelques samedis donc). Pour d'autres, la première soirée devait se terminer nus dans une voiture. Je gardais précieusement en moi tout ce vécu avec Fabienne, je devais sentir que cet amour m'avait éveillé à l'Amour. Karine n'a jamais connu cet "apprentissage." Sûrement trop tard à quarante ans ! Trop conditionnée par des êtres indignes ! Les mâles qui l'ont prise n'ont sûrement jamais eu leur Fabienne.

Quant à Mayline *"jamais personne ne m'a caressé comme ça."* Mais nous n'avions pas fait l'Amour ce soir-là. Seul mon majeur droit avait pénétré son vagin enflammé tandis que nous nous embrassions éperdument ; je n'avais pas retiré sa culotte ; je sentais bien qu'elle me désirait mais ne m'aurait pas déshabillé ; je la voulais active, totalement dans notre fusion ; je ne lui ai pas demandé si elle avait effectué le test HIV ; nous en avions parlé au téléphone et elle avait considéré logique cette étape médicale ; si nous avions fait l'Amour ce soir-là, m'aurait-elle mis *en pause* quelques jours plus tard ?

Elle a eu sa Fabienne : Alexandra. Toujours sa meilleure amie. Amitié avec parfois un peu de sexualité. Expérience lesbienne par opposition aux hommes oppresseurs.

Ou alors c'est hormonal et j'étais prédestiné à la douceur ? Ou l'hormonal varie suivant la vie ? En me persécutant sans franchir la limite de la violence physique, il m'a obligé à plonger en moi. Certes il n'a pas fait mon bonheur malgré lui ! Il m'a aussi balafré de tares qui m'ont empêché de vivre vraiment cette sensibilité durant des années.

*

Pour ceux du lycée croisés le samedi soir, je suis "polygame." Pour tous, même s'ils ne nous voient jamais main dans la main, Christine et moi sommes ensemble.

*

Il peut m'attendre dans "la laiterie" et se précipiter sur moi quand j'ouvre la porte. Il peut m'attendre derrière le rideau. Il peut m'attendre dans un coin de la maison.

Je gare ma voiture devant la fenêtre : cinq mètres à parcourir avant l'entrée puis dix pour parvenir au bouton de la lumière. C'est encore pire quand Vincent ou Guy me dépose au bord de la route : trente mètres dans la hantise.

Je bois très peu le samedi soir : je dois conserver toute ma lucidité, ma vigilance, pour la terrible rentrée dans l'antre du monstre.

Durant quelques mois je trouve une bonne solution : finir la soirée là, avec Hervé, à se raconter nos aventures. Quand Hervé est là, il ne la ramène pas. Une tête de plus que lui et une carrure.

Je l'ai prévenu : *"d'un coup de boule, il te met K.O, vieux con."*

*

Christine aussi a obtenu son bac mais elle n'est pas retenue en BTS au lycée Guy Mollet. Elle va donc travailler !... Nous étions pourtant certains de continuer, chaque midi, à manger ensemble un sandwich dans le couloir du bâtiment informatique... Nous promettons de nous écrire. Et nous tiendrons cette promesse. J'ai naturellement conservé ses lettres... elles sont ici... mais où ?...

*

Il n'a jamais compris avoir été un simple pion, chargé de maintenir les derniers privilèges d'un hexagone colonial. Il a juste compris avoir été un pion, un homme normal.

*

93

Fatigue. Mes mots d'aujourd'hui la considèrent chronique. Migraines de même. Le docteur Lamoril me délivrait ma dose régulière de médicaments. Sans s'interroger, du moins ouvertement, sur les causes. Un coup de froid. Un enfant fragile. Toujours des coups de froid. Oui, la nuit, dans ma chambre.

*

Si je retournais là-bas, la majorité des adultes de cette époque, je pourrais lire leur nom au cimetière. Une ligne à très haute tension passe à moins d'un kilomètre mais les officiels affirment encore avoir tout prévu pour la sécurité des populations.
Aucune manifestation quand l'EDF l'a décrétée, cette ligne. Juste des réunions pour savoir qui aurait la chance d'avoir des piquets sur ses terres, donc d'empocher les primes.

*

Le renvoyer à Saint–Venant ? "*Ça ne servirait à rien, il n'a pas de volonté !*"
Un psychiatre de Saint-Venant lui avait rapporté ses confidences : il buvait à cause des cauchemars, cauchemars où il revoyait ses copains égorgés.
Pour ma mère, c'était "*du cinéma.*" Elle ne croyait pas à ces cauchemars, juste qu'il aimait boire et n'avait pas la volonté d'arrêter.
J'ai compris longtemps plus tard pourquoi elle ne comprenait pas : quand elle m'a téléphoné complètement déboussolée : la nuit précédente elle avait rêvé ! Ça ne lui était jamais arrivé ! Je venais de me séparer de la mère de

ma fille et elle avait rêvé de sa petite-fille. Selon elle, son premier rêve. À plus de soixante-dix ans ! Même ma sœur n'en revenait pas... mais préférait en rire. Je lui avais expliqué les mécanismes du rêve, phénomène classique du sommeil mais le plus souvent "oublié" au réveil. Elle n'en démordra jamais : elle, la nuit, elle dormait ! Elle n'avait pas de temps à perdre avec les rêves ! Elle avait toujours travaillé alors quand elle se couchait c'était pour dormir, pas pour rêver ! Je devais arrêter mes bêtises... Je détraquais son cerveau, elle allait mourir...

*

Une bouche à nourrir. Il a sûrement toujours parlé de moi ainsi, devant moi. Plus tard, me sont revenus des propos qu'il aurait tenus au bistrot, sur sa fierté de mes études, que j'allais obtenir un BTS, devenir ingénieur... Je n'avais pas été surpris de cette posture. J'avais alors un peu compris...

*

"La guerre en a fait quelqu'un d'autre." Personne ne me l'a affirmé. Était-il déjà un sale type avant ? Possible.
Ses frères ont évité l'Algérie. La famille possédait "des relations." Lui est parti, à cause d'une bagarre avec un gradé durant son service. D'après ce que j'ai compris lors des repas du dimanche. Sûrement un simple engrenage. La vie se résume si souvent à un engrenage dont on ne voit absolument rien avant d'y être englué. Des victimes le restent toute leur vie, même quand leur bourreau ne peut plus nuire. Les victimes de pédophiles forcément. Des victimes pourtant s'en sortent : après un long travail

psychique ou une rencontre Essentielle. L'Amour, l'Amour confiance respect peut réaliser "des miracles." Je crois qu'il n'a jamais Aimé, n'a jamais été Aimé. Une femme avait besoin d'un homme pour la ferme, un fils d'agriculteur avait besoin d'une fille unique d'agriculteur. Pas de temps à perdre. Mayline fut Aimée. Mais il faut aussi la force de ne pas se complaire dans son malheur, de ne pas jeter aux orties ses sentiments.

*

J'Aimais Mayline avant de connaître son drame. Je l'ai Aimée dès la première seconde à Bruniquel. Elle était pourtant différente des photos. Au point de ne pas la reconnaître. Sensation étrange, inédite : aimanté au-delà du physique. Peut-être, sûrement l'étais-je déjà avant, lors de nos mails, nos longues conversations téléphoniques. Et l'enivrante certitude de la réciprocité, du *for ever*.

*

De sa guerre d'Algérie, je ne connais presque rien. Juste l'histoire des trois colonnes. Des militaires au bord d'un maquis, à la recherche de fellaghas. Les supérieurs ont décrété une traversée en trois voies. Celle du milieu semble la moins sujette à une embuscade. Il a été placé là mais l'un de ses copains (était-ce le meilleur ?) lui demande d'échanger leur place, au motif qu'il est marié, a des enfants, alors que mon futur père était célibataire. Et *"tête brûlée"* il accepte. Une colonne fut massacrée, celle où il aurait dû être. Et les copains vont récupérer les égorgés.

*

Ses frères en savent peut-être bien plus que moi sur sa guerre d'Algérie. De ses compagnons de compagnie, certains sont sûrement encore en vie.

Mais quelle valeur pourrais-je accorder aux souvenirs de ces vieux hommes ? Et finalement, ce qui s'est vraiment passé ne me concerne pas. Sa vie s'explique certes en grande partie par ses quinze mois d'Algérie, mais les souvenirs relèveraient d'anecdotes et réécriture. Même mes oncles, je ne leur ai jamais posé de question. Depuis vingt ans, nos rencontres furent rares !…

*

Je peux ressentir ce qu'il a pu ressentir quand il a réalisé qu'il serait mort s'il était resté dans la colonne centrale. J'ai moi aussi connu des expériences extrêmes.

Connaître une expérience extrême, quand elle est assimilée, permet de se projeter dans d'autres. Ce n'est certes pas "la même chose" mais il suffit de se laisser aller, se reprojeter derrière le vieux chêne, dans l'attente du résultat d'un test HIV, un matin enneigé, puis de dériver vers une autre oppression.

Karine peut comprendre aussi, elle dont le cordon ombilical a failli l'étouffer à la naissance. Adolescente elle revivait en cauchemars cette proximité de la mort, montant un escalier, apercevant la lumière en haut, sans parvenir à l'atteindre. Karine a commencé à fréquenter les psys à cause de ce cauchemar.

*

Le tuer. Comment le tuer sans que ça se sache. Il m'a gâché mon enfance, il va me gâcher le reste.

*

97

"L'ingérence humanitaire"... c'est ce qu'il me faudrait !
Je lis tout ce que je trouve sur ou de Bernard Kouchner.

*

Le peuple irakien maudit l'Amérique ! Les terroristes, les
preneurs d'otages, il convient de les qualifier "résistants"
! Et les États-Unis, "puissance occupante"!
Vous assistez à une mascarade d'élections, manipulées
par l'Amérique, le peuple ne tombera pas dans ce piège et
de toute manière les *résistants*, par leurs attentats, sauront
dissuader les éventuels collaborateurs...

Le peuple Irakien fait un bras d'honneur à cette vision des
"bien-pensants" occidentaux, se rend massivement aux
urnes, malgré les menaces.
Mais les lâches refusent tout mea-culpa : non, non, ce
n'est pas une victoire pour Georges Bush, son
intervention a violé les lois du monde civilisé...
Les lâches continuent à pérorer.
Peuple irakien, oui, sans l'Amérique, quand auriez-vous
pu vous débarrasser de Saddam Hussein ?
Combien d'entre vous seraient morts sous l'oppression ?
Le tyran avait des fils pour lui succéder.
Il vous aurait fallu attendre en silence ? Comme j'ai
courbé le dos en espérant fatale son inflammation du
pancréas.
Aussi détestable, médiocre, retors, que soit George Bush,
il est intervenu et personne, dans ma vie, n'a tenu le rôle
de l'Amérique.

*

Sans le Crédit Agricole, il n'aurait jamais pu boire autant.

La banque "verte" autorisait les découverts, prêtait sans problème. Certains ont ainsi acquis des centaines d'hectares, lui distillait !

*

Troisième millénaire : Jacques Chirac encensé, acclamé. Même la gauche sauve de ses mandats "*son engagement pour la paix.*" Jacques Chirac se réveille-t-il parfois en sueur, en premier Daladier du XXIe siècle ? Daladier aussi fut acclamé quand il signa "pour la paix." La France a rapidement récolté la honte et la guerre.

En acculant les États-Unis et quelques alliés à intervenir sans l'unanimité occidentale, Jacques Chirac a tendu une perche aux extrémistes, qui s'en sont emparée pour compliquer encore plus la situation éminemment complexe du Moyen-Orient. Saddam Hussein s'est auréolé du titre *martyr de la liberté* ! Alors qu'une opération unanime l'aurait simplement renversé.

Inévitable effet boomerang : la France, pour les extrémistes, a montré sa faiblesse, alors qu'elle croit bénéficier de l'estime du juste, du droit international.

Non assistance à Irakiens en danger, monsieur Jacques Chirac. Une réminiscence de votre vieille amitié avec le dictateur de Bagdad ? Peu importe, le droit d'ingérence ne fut pas appliqué, Bernard Kouchner fut caricaturé en va-t-en guerre. Lui le savait : la victime a besoin d'une intervention extérieure pour se débarrasser d'un tyran.

George Bush, ensuite, montra ce qu'il est. Mais il incombait aux grandes puissances occidentales de ne pas le laisser avec la tentation de dépasser la mission initiale, de ne pas lui imposer l'obligation de fournir d'autres raisons que le renversement du dictateur (et le grand benêt s'est pris les pieds dans la fabrication de fausses preuves d'armes de destruction massive), de ne pas lui laisser la tentation d'une croisade politico-financière-religieuse, d'une petite vengeance familiale après l'humiliation du père Bush lors de l'Irak I. Devoir moral oublié.

*

Un suivi psychologique attendait les militaires à leur retour d'Irak I. À son arrivée à Marseille, il fut démobilisé, renvoyé chez ses parents et sa vie n'avait qu'à reprendre là où elle avait été stoppée nette. Sa guerre d'Algérie a donc continué. Comme tant d'autres. Comme tant de guerres du Vietnam.
Sa guerre d'Algérie s'est arrêtée le 26 février 1988.

*

"N'essayez pas de changer le monde : changez de monde." Maintenant je sais : aphorisme de Saint François d'Assise. Ça ne m'aurait alors servi à rien : j'ignorais tout de ce Saint. Mais je suis resté des jours, le soir, à la répéter, cette phrase entendue à la radio en revenant de Saint Pol, au volant de ma Citroën AXEL blanche et neuve. Ma mère avait voulu que j'aie une voiture neuve. Ils avaient obtenu un prêt de plus. Alors qu'il aurait suffi de fermer le robinet du bistrot.

*

Le tuer ou devenir très riche. Riche au point de pouvoir partir vivre au Canada ou à San Francisco. Je joue au loto.

*

Accident. À St Pol. Devant le lycée Châtelet. Je suis pressé ! Je ne suis pas en retard, non, je veux passer par la place des impôts vérifier si le bal de *Sono 2000* s'installe... Pour prévenir Patricia...
Des voitures arrêtées au passage piéton : j'en emboutis une, qui percute celle devant elle.

*

Le midi il pleure ! L'assurance va augmenter à cause de cet accident et c'est la faillite !
J'en reste sans voix ! Alors qu'il dépense une fortune dans les bistrots !

*

J'essaye de retrouver d'autres traces d'humanité. Mais je le revois un mégot au bec. Alors je partais dans l'autre pièce...
Une trace d'humanité ? Je l'ai cru... Mais toujours avec un doute... Je m'attendais à des insultes mais vraiment pas à ça. Je ne peux m'empêcher de rire. *"Et ça le fait rire, il ne se rend pas compte."* Oh si, je me rendais compte : quelque chose clochait : comme si l'augmentation de 25% de la cotisation de mon assurance pouvait se comparer aux millions claqués chaque année en alcool.
"T'as qu'à arrêter de boire." Et je pars dans ma chambre. Je pense à Patricia. Envie de la déshabiller. De toute manière, au cas où, mon Livret A peut facilement payer cette assurance. La voiture est à mon nom, c'est l'essentiel. Le plus embêtant : Patricia va m'attendre ce midi au Maryland.

Aujourd'hui j'en suis persuadé : il cherchait à me culpabiliser. Peut-être avait-il commencé ainsi avec ma mère : dramatiser une erreur pour se prétendre victime.

Je n'avais pas compris mais je ne suis pas tombé dans le piège. Jouer la victime pour ensuite justifier ses colères. Classique. Karine a connu cela avec son commercial. Mayline avec ses psychotiques. Je m'entraînais au lancer de cran d'arrêt sur une planche. Il devait le sentir : pour le planter un jour. Il devait sentir que je m'échappais de son emprise.

Maintenant je fais remonter cette capacité de résistance à la troisième, le regard des truands des films puis mon voyage en Grèce.

*

Le lendemain, j'ai pris leur GS bleue.

"Au moins, pendant ce temps-là, tu ne pourras pas aller au bistrot avec."

Il s'en foutait : depuis un moment, chez Leboc, il s'y rendait en tracteur. Ainsi, il picolait peinard : les gendarmes contrôlaient de plus en plus souvent les voitures mais saluaient les agriculteurs, naturellement au travail. Il se prétendait "malin." D'autres l'imitèrent. La place de Vublon devint celle aux tracteurs des poivrots.

*

Le samedi Patricia fit la tête, malibu et vodka. J'étais venu à St Pol avec ma sœur (Vincent et Guy se rendaient à un mariage). C'était embêtant ! Et le mardi me largua : j'allais rester quatre semaines sans voiture. C'était intolérable ! Deux jours avant l'accident, à Arras, à la

102

sortie du Maryland où nous nous retrouvions chaque midi, elle m'avait susurré, les seins pressés contre ma poitrine *"vivement samedi : j'ai envie de faire l'amour avec toi."* C'était réciproque. Nous nous étions connus le samedi précédent et j'avais bien senti qu'après trois slows et quelques minutes sur une banquette, elle m'aurait sans difficulté suivi dehors. Je n'avais pas osé.

Durant cette soirée arrosée, une bonne heure je ne l'ai pas vue. J'étais un peu éméché aussi. Forcément. Avec le recul c'est évident : une éclipse baise.

Nous avions continué à nous croiser régulièrement : jamais plus de trois semaines avec le même mec. Puis elle avait disparu.

C'était en 1987. Naturellement personne n'utilisait de préservatif. Ai-je par cet accident évité le sida ? J'ai commencé à le croire en 1993, quand, à l'issue d'une brève vie en couple, j'ai réalisé pour la première fois le test HIV. Je vivais à Reims. Le matin du résultat, il neigeait. Je voulais savoir avant de quitter définitivement le rôle du petit cadre déjà plus dynamique. J'avais eu l'impression d'être passé entre les balles. Je m'étais alors juré de ne plus exposer ma vie à la chance…

*

Nous appelons de plus en plus souvent le docteur Lamoril. Pour ma grand-mère. Au début, j'en riais, quand en ouvrant sa porte elle m'accueillait d'un *"il vient encore de me parler, celui-là, je lui dis de me laisser tranquille mais toujours il vient me parler."* Il s'agissait de l'animateur, du présentateur, de sa télévision. Rapidement l'excentricité devint petite folie : elle s'assied par terre devant sa télé, ne veut plus manger, se lever, nous reconnaissant difficilement, nous confondant avec ses visiteurs télévisuels.

"Retourne là-haut !" Là-haut, c'est dans l'écran. Une présence à plein temps lui est nécessaire. Elle est placée dans une famille d'accueil. Je ne la reverrai plus. Ma mère y va parfois. Elle me dit que ça ne sert à rien, qu'elle ne reconnaît plus personne…

J'ai ma guerre à mener. Je n'insiste pas. Ça faisait trop mal de la voir assise par terre. Tout fait trop mal, ici. Quel lien entre cette maladie et la souffrance somatisée du beau-fils tyran ? Sa sœur aura bientôt cent ans. Et toujours lucide selon ma mère.

*

Si je le tue, j'irai en prison ? Je serai condamné à combien ? 10 ans, 20 ans ? Mais si je ne le tue pas ?… Même si j'ai un boulot, je tremblerai… Ce n'est pas avec 7000 même 8000 francs par mois que je pourrai réaliser des miracles.

Il me faudrait combien ?

Et il y aura toujours la peur. Arras, pour un fou comme lui, ce n'est pas impossible qu'il nous retrouve.

Le tuer et ne pas être condamné… en "légitime défense" donc… le défenestrer… quand il est bourré, qu'il pisse sur les fleurs, je devrais bien réussir à le faire basculer.

"Je croyais qu'il dormait, je suis allé dans sa chambre pour prendre la serpe sous son oreiller ; il s'est levé, il s'est jeté sur moi, m'a poussé vers la fenêtre… et là je me suis baissé… et quand je me suis redressé, il était passé par la fenêtre, il avait basculé au-dessus de moi..."

Mais je ne peux pas avoir confiance en elles. Interrogées, si elles savent, elles vont craquer, avouer.

Je n'ai qu'une solution : me cacher dans l'armoire,

attendre qu'il urine sur les fleurs et d'un coup de pied dans le cul, mettre fin à cette guerre. Après, me cogner la tête contre un mur, me couper au bras…

*

Le monde ne m'intéressait pas vraiment. Certains se passionnaient pour la politique. J'étais contre Chirac et Pasqua, ça s'arrêtait là. Survivre. Trouver le moyen de le supprimer sans laisser de trace.

*

Parfois : *ils font quoi tes parents ?*
Ça ne va pas plus loin. Personne n'en demande plus. Nul ne semble souhaiter s'appesantir.
La guerre d'Algérie n'a pas frappé qu'à un endroit ? Qui vit comme moi ?
Pourquoi les autres n'en parlent pas de leurs parents ?
Ont-ils tous quelque chose à leur reprocher ?

*

- Tu devrais lire "*comment se faire des amis.*"
Mon faux cuir l'attire et en même temps ma froideur l'inquiète. Je pense : si je t'expliquais tu prendrais tes seins à ton cou. Je souris, satisfait de ma lucidité.
Elle aussi me quittera. Dès le samedi suivant. Je regarde mon successeur ; "plus tard il sera ouvrier et je m'en sortirai." M'en sortir. Je vais m'en sortir. Je vais le tuer.
"*J'm'en sortirai, j'te le promets, et s'il le faut j'emploierai des moyens légaux.*" Finalement, Jean-Jacques Goldman m'était aussi salutaire que Renaud et Bernie Bonvoisin. Et si les moyens sont illégaux, que je sois le seul à le savoir.

*

105

J'ai 20 ans, je vais obtenir mon BTS informatique, travailler, avoir un salaire…

J'ai dans la poche un flingue, certes un "pistolet d'alarme" acheté à *la Redoute*, avec des bombes lacrymogènes, mais bientôt j'en trouverai un vrai. Et l'utiliserai, oui. Oui, après les examens.

Aujourd'hui, il est trop tôt : si je te butte, adieu diplôme.

Mais après, après j'oserai. Les salauds voudront me condamner. Crime avec préméditation. Mais je leur proclamerai "légitime défense." Il a pris son couteau et s'est levé…

Je n'ai pas le choix. Tu ne me laisseras jamais vivre.

- Mais pourquoi aviez-vous acheté une arme ?

- J'avais peur. Vous savez ce que c'est quand depuis l'enfance on te dit qu'on va t'attendre derrière la porte du hangar et te planter un couteau dans le dos ? Vous savez ce que c'est la peur ?

Le flinguer ou le défenestrer ? Essayer de le planter c'est trop risqué. Mes mains risquent de trembler.

*

Ma mère et ma sœur aussi, ne quittent plus leur bombe lacrymogène.

*

2006. Romane est chez sa mère, la vallée resplendit, c'est le printemps. Oui, je dois raconter. *Demain* j'aurai déjà quarante ans. J'écris : ils ne sont pas intervenus. J'ai enfin le titre !

Derrière la non intervention d'un village, de l'État, dans une famille où la femme et les enfants ne peuvent s'extraire de l'emprise de l'homme diabolique alcoolique (un traumatisé de la guerre d'Algérie), se faufile une autre dimension : parabole politique.

Le droit d'ingérence sera de plus en plus au cœur de la politique internationale, soutenu ou refusé par les opinions publiques.

Où commence le droit, le devoir d'ingérence ?

Un enfant peut-il, seul, se libérer d'un bourreau ?

La France, seule, aurait-elle pu se libérer du nazisme ?

La Pologne, seule, aurait-elle pu renverser son oppresseur ?

L'Irak, seule, aurait-elle pu se libérer de Saddam Hussein ?

Le Tibet disparaît.

*

J'ouvre des tas de cartons. Relis "les notes." Et en quelques jours ajoute une cinquantaine de pages. Très elliptiques. Trop sûrement pour être comprises. Puis le doute, le pourquoi. Et finalement, la décision d'y consacrer quelques mois. Puis l'insatisfaction du résultat. Non ! Ce fut bien ainsi mais il manque quelque chose.

*

Il y manquait Karine, Betty, Christine, Fabienne. Elles expliquent autant ma vie que l'épisode de l'enfant traversant le village la nuit. Et mon passage en période 3. La période 3 de ma vie... la plus longue ? Ce serait bien !... Mais ça...

*

Je n'ai vu qu'une partie de leur histoire. Je n'en sais presque rien. Même de ce qui me concerna. Parlaient-ils parfois, malgré tout, de moi ? Autrement qu'en insultes ? Je dois me limiter à écrire avec ce qu'il me reste de cette époque-là. J'ai peut-être même "oublié" des instants qui l'éclaireraient plus précisément ou autrement. Ces faits ont existé. Rien de plus. Ils ne me concernent plus. Ils ne concernent plus personne. Du passé. Ce passé peut juste nous aider à ne pas répéter les mêmes erreurs. J'en garde néanmoins une "certaine sensibilité."

Ainsi je m'effondre quand un lundi matin Mayline, devant sa porte, me lâche *"tu m'oppresses"*, car je l'ai embrassée et des voisins auraient pu l'apercevoir alors que son divorce n'est pas prononcé. Je réagis d'un sourire crispé, qu'elle interprétera naturellement comme un simple sourire et bredouille *"si jamais personne ne t'oppresse plus que cela ce sera le Bonheur."* Quelques jours plus tard je devais revenir. Elle m'a mis en pause. Ajoutant même par mail : *"Il faut vraiment que tu me laisses une respiration"* et ne répondant plus à mes appels.

*

La peur de le rater. Mais que lui ne me rate pas.
Même quand il était allongé dans le couloir, ronflant dans son vomi, il m'apeurait. Hantise de l'enjamber, opération nécessaire pour atteindre l'escalier, crainte qu'il se retourne et avec ses grandes pattes me fasse valdinguer. Toujours la tête contre cette porte d'entrée, je ne l'ai jamais vu dans l'autre sens, comme si elle lui assurait une ventilation. Ou alors pressentait-il mes pensées "s'il était dans l'autre sens, je pourrais lui enfoncer un couteau dans la gorge et le saigner comme un cochon" ?
Un réflexe de l'époque algérienne ?

De toute manière, je n'aurais pas osé, j'en suis persuadé :
ma main tremblait rien qu'à prendre un couteau ; j'étais
un enfant traumatisé.

*

Je me souviens : sur *France-Inter*, la mère de *"l'assassin
présumé"* racontait avoir demandé de l'aide au
commissariat, à SOS médecins, à l'hôpital
psychiatrique…
Personne ne pouvait intervenir.
Tous connaissaient la schizophrénie de son fils mais
aucun de ses petits délits ne suffisait pour intervenir. Il
fallait le laisser s'enfoncer un peu plus pour le rattraper
ensuite.
Désormais, ils peuvent ! La mère est éplorée, dégoûtée
aussi, et s'en veut de ne pas avoir pu éviter le pire. Son
fils est *"l'assassin présumé"* d'une infirmière et d'une
aide soignante. Décapitées. La non assistance a toujours
de bonnes raisons pour regarder ailleurs. Il existe des
numéros verts mais depuis vingt, trente ans,
fondamentalement, rien n'a changé. La protection
préventive. Comprenez : la protection préventive.

*

Je me souviens : la sœur de la victime en est persuadée :
dans la cité certains savaient ; le *"gang des barbares"* y
régnait ; certains savaient qui avait kidnappé un jeune
homme pour demander une rançon ; personne n'a
dénoncé ; ils ont tué son frère.

*

Je me souviens des soldats de la force internationale
chargés de protéger les populations. Des fanatiques

109

assoiffés de sang ont déferlé mais la force internationale avait reçu l'autorisation de tirer uniquement en état de légitime défense, donc ils n'avaient pas le droit de tirer les premiers. Même quand les populations furent massacrées, exterminées.

*

Début décembre 2005, Karen Montet-Toutain, enseignante de 27 ans, avait envoyé un mail à son inspectrice académique.

"Je ne me sens plus en sécurité. Cela va même jusqu'à des menaces, à mon encontre ou vis-à-vis de ma famille, j'ai essayé toutes sortes d'activités et d'attitudes avec ces classes et rien ne semble pouvoir améliorer le comportement de ces élèves."

Le 16 décembre 2005 elle est agressée, dans la salle 109 du lycée professionnel Louis-Blériot à Étampes (Essonne), par un élève BEP-vente, à coups de couteau.

Elle hurlera sa colère contre l'Éducation Nationale, estimant le proviseur du lycée responsable de son agression, et l'institution coupable de ne pas l'avoir protégée dans l'exercice de ses fonctions.

Elle porta plainte contre X, pour "non-assistance à personne en danger."

*

Je me souviens : certains savaient le sang contaminé. Et pourtant les stocks devaient être vendus. Logique économique.

Je me souviens l'hormone de croissance. Je me souviens l'amiante. Je sais les ondes qui nous inondent et les bénéfices pharaoniques des opérateurs téléphoniques. Et le salaire de Karine, petit rouage informatique de leurs facturations internationales.

*

Après lui avoir infligé l'inhumaine mission algérienne, l'État s'est déshonoré une deuxième fois en le laissant dériver. Ils ne sont pas intervenus. Pouvaient-ils ignorer qu'un cerveau confronté à l'horreur se détraque ? Ce *ils* impersonnel… mais la faute d'État existe.

*

Ils ne sont pas intervenus. Elle me répond *"personne n'aurait pu intervenir."* Elle avait sept ans. Il l'a "abusée." Il est toujours vivant. Elle le croise encore parfois. Ça c'est passé à Montauban. Durant les vacances d'été chez ses grands-parents. Elle m'a caché son nom. Un cousin je suppose. Uniquement le père de sa fille et moi savons. Je sais car elle m'a pensé *"l'Homme de ma vie."* Et pourtant, elle m'a jeté. Jeté oui.
Je lui écris : il faut dénoncer. Même 25 ans plus tard. Et si ta fille subit le même sort ? Dénoncer pour que d'autres fillettes ne subissent pas le même outrage. C'est lui le coupable, pas toi. La victime a souvent peur de quitter le rôle assigné : si tu parles tu seras mise à l'index ! C'est difficile mais les conséquences du silence sont si néfastes…
Je suis déjà *en pause* quand je lui envoie ce mail. Resté sans réponse. Comme elle n'a pas réagi au texte de chanson inspiré de son drame.

111

Je l'ai connue 20 ans plus tard

Je l'ai connue
20 ans plus tard
Elle a voulu
Sortir de son cafard
Elle n'a même pas pu
Me dire *je t'Aime*
Elle est restée
Dans ses problèmes

Elle avait 7 ans
Elle a cru qu'c'était un jeu
Comme il voulait elle a fermé les yeux
Il lui a dit je t'aime
Il l'a déshabillée
Elle a eu mal
Mais elle a pas crié

Elle n'a rien dit
Elle avait peur
Elle a grandi
En refermant son cœur
Elle dit qu'dans sa vie
Toujours il neige
Elle est tombée
Dans des pièges

Elle avait 7 ans
Elle a cru qu'c'était un jeu
Comme il voulait elle a fermé les yeux
Il lui a dit je t'aime
Il l'a déshabillée
Elle a eu mal
Mais elle a pas crié

Je l'ai connue
20 ans plus tard
Elle n'a pas pu
Jouir sans cauchemar
Et je n'ai pas su
Guérir ses scènes
Elle m'a jeté
Pourtant elle m'Aime

Elle avait 7 ans
Elle a cru qu'c'était un jeu
Comme il voulait elle a fermé les yeux
Il lui a dit je t'aime
Il l'a déshabillée
Elle a eu mal
Mais elle a pas crié

*

Elle répondait rarement. Juste au sujet de ce récit. *Il est hors de question que mon nom y figure !* Elle lisait pourtant rapidement. Elle l'ouvrait au moins, donc pour le lire. J'en avais la preuve : j'ajoutais à chaque envoi un "lien image", concrètement un appel à un programme chargé de m'indiquer l'heure à laquelle le mail avait été ouvert dans sa boîte virtuelle sur laposte.fr. Elle avait aussi une messagerie sur yahoo qu'elle consultait moins mais régulièrement quand même. À ma connaissance (mes essais !), seul google, avec gmail, désactive ces images espionnes (il suffit de vérifier : si présence d'une image le format du fichier doit être un format image).
Quand ma princesse espagnole m'a quitté, elle n'a plus lu un seul de mes messages.

*

J'écoute Renaud. *Société tu m'auras pas*. J'écoute Trust. *Antisocial*. *Mesrine*. Le plus fort possible, la fenêtre de ma chambre grande ouverte.

- Arrête, ils vont dire que décidément, c'est toujours le marché aux fromages, ici.

- Ils peuvent baver ce qu'ils veulent, je les emmerde. Ils faisaient quoi quand j'étais dehors, en pleine nuit ?

*

Claude Lévi-Strauss, au micro de Jacques Chancel, *Radioscopie* (un enregistrement de 1988) : "*J'ai une mémoire détestable...*
Je suis tout à fait perdu quand j'essaye de reconstituer mon passé, des pans entiers m'échappent, je me trompe de date.
Si j'écrivais mes mémoires j'aurais le sentiment de dire faux tout le temps."

*

"*Il ne peut exister d'autobiographies exactes et l'homme ment toujours quand il parle de lui.*"
Heinrich Heine.
1988-2006 : j'essayais d'écrire la réalité et finalement inventais d'autres choses. J'ai désormais la sensation d'avoir, avec mes dix pièces de théâtre, six cents chansons et quatre ébauches de roman, formé ma plume pour devenir capable de raconter.

*

"*On ne peut jamais se connaître mais seulement se raconter.*"
Simone de Beauvoir.

*

114

"Si on met les gens vrais dans les livres qu'on écrit, ce n'est pas par méchanceté ou par perversité, c'est pour atteindre une vérité générale."
Marcel Proust.

*

T'as raison Marcel ! On peut même ajouter : toute ressemblance avec des personnes existantes ou ayant existé serait totalement involontaire... Mais on le sait bien, on le sait bien Marcel : la littérature ne se fait pas uniquement avec de bons sentiments, on doit puiser tout au fond de soi, même dans les zones qui nous déçoivent ; un personnage avec des orientations bouddhistes devrait, dans l'idéal, n'avoir pour Mayline qu'une immense compassion... Marcel, nos écrits, nos écrits resteront, notre version ; elle nous a humilié, menti, trahi, insulté, elle se complaisait dans son petit malheur, mordait la main qui la caressa, elle restera une femme indigne, qui chercha à retrouver ces sensations, jusqu'au désespoir, la nostalgie d'un Amour perdu, l'amertume dans le cœur, les entrailles. Elle peut corriger chaque soir les cahiers de ses élèves pour obtenir une observation dithyrambique de l'inspecteur d'académie, elle passera à la postérité dans son plus mauvais rôle. Miss indignité.

*

"La seule raison que nous ayons d'écrire, c'est pour dire quelque chose. Qu'importent les conséquences."
Marcel Aymé, répondait ainsi à Henri Jeanson, un ami le mettant en garde sur le risque d'écrire un article contraire à l'idéologie triomphante. C'était en 1940.

*

Des bribes reviennent encore. Rien de ce que nous vivons

115

ne disparaît du cerveau, ça s'égare souvent et il faut d'étonnants aiguillages pour retrouver une pièce du puzzle.

*

Mayline est persuadée d'avoir grandi en oubliant Montauban 1983. Puis à 17 ans, à Orléans, chez un copain, où elle était simplement venue pour un Monopoly, il l'a violée. Et alors tout a ressurgi. Une nouvelle fois elle n'a rien dit ; elle a grossi pour ne plus être désirable. Jusqu'au jour où elle a voulu redevenir belle. Comment dire je t'Aime à une femme qui a été violée ?

*

Elle m'a raconté puis elle m'a trahi. Elle nous a trahis. Elle m'a confié le plus intime puis elle m'a jeté. Elle savait ma souffrance. Elle l'observait même sans déplaisir. Comme si la souffrance d'un homme pouvait équilibrer, un peu, sa balance de guerre. Elle savait que je raconterais. Elle a besoin que j'ose pour elle ?

*

26 février 1988.
- La semaine prochaine, *c'est* les premières épreuves. Si j't'entends une seule fois dans les escaliers d'ici là, y'en a un qui passera par la fenêtre. T'as compris, connard !
Je prends sa bouteille de vin et la vide dans l'évier. Il ne bronche pas ! Je pense *"lève-toi et je te mets mon flingue sous l'bout du nez."* Il ne se lève plus : il doit voir dans mes yeux qu'il ne me fait plus peur ; j'ai encore peur mais tu ne le verras plus. Il bredouille :

116

- J'm'en fous j'iro ein r'quère eine aute. Ché toudis cha qu'auro pas.

Je sors, je claque la porte. Je pars à Arras pour une demi-journée "administrative."

*

Quand j'ai découvert l'utilisation de mines antipersonnelles lors de guerres, j'ai pensé avoir vécu mon enfance dans un tel pays, où il avait disposé des pièges susceptibles à tout instant de nous réduire en bouilli.

*

Si ma mère connaissait le sujet principal de mes journées, elle répondrait un truc du genre "ça va te servir à quoi de remuer la merde ?" Tout peut servir à faire œuvre. L'angle de prise de vue est essentiel. Je pourrais effectivement écrire sur bien d'autres sujets. Il est enterré depuis presque vingt ans et je vais en avoir quarante. C'est sûrement le bon moment pour raconter. Avant Alzheimer. Quatre accidents de voiture, plusieurs peurs d'avoir rencontré VIH, un passage au travers d'un plafond. Et la mise en pause "incompréhensible." Je suis peut-être au milieu de ma vie mais peut-être pas. La vie est fragile. Je le sais depuis l'enfance.

*

Dès 1945, des survivants des camps d'extermination ont parlé. Personne ne les écoutait. Nul ne voulait entendre. Tout le monde avait souffert !

Les survivants aussi, pensaient *"ils ne sont pas intervenus"* ? Ils ont laissé les trains partir, ils ont vécu comme s'ils ne savaient pas ?

117

Chaque survivant qui racontait, simplement raconter, c'était inacceptable pour ceux qui ne sont pas intervenus. Oui, tout le monde avait souffert de la guerre. Comme aujourd'hui, tout le monde a souffert durant son enfance. Raconter, simplement raconter, sans même pointer du doigt X ou Y, c'est toujours inacceptable quand les bonnes consciences ne veulent surtout pas compromettre leur petit équilibre étayé sur bien des mensonges, bien des silences.

Pourquoi raconter ? Pour moi. Pour Karine. Pour Mayline. Pour Romane. Pour vous mettre le nez dans votre merde aussi, dans votre bonne conscience de biens nourris, d'occidentaux confortablement installés. Des privilégiés obnubilés par des banalités. Oui, vos banalités. Vous comprenez pourquoi elles me semblent ridicules. Oh je n'ai pas félicité monsieur le maire quand il a reçu une médaille ! Chez ces gens-là, des décennies de fatuités se récompensent !...

*

Si nous avions été tués, l'État ne serait pas venu les accuser. Bah, c'était un ancien d'Algérie ! Ils sont tous revenus un peu détraqués. La vie est assez difficile comme ça. Il aurait fallu être fou pour s'occuper de ce qui se passait derrière leurs murs. Pour prendre une balle dans la tête ?...

*

Suivant les statistiques, la société française fut longtemps un véritable petit paradis. Ce n'était pas comme maintenant ! Rendez-vous compte, ces viols, ces incestes, même de la pédophilie chez des prêtres ! Et la violence même à la sortie des écoles ! Les enfants ne sont plus en sécurité.

Alors qu'avant, les statistiques sont formelles, paradisiaques : tout cela n'existait pas ! Décadence !

Tout était parfait : le silence régnait. Même les accidents de voiture, les médias les occultaient. Même la corruption des politiques, avant, n'existait pas ! Un enfant victime de ses "camarades" n'avait qu'à savoir se défendre, une fille violée avait récolté ce qu'elle cherchait, elle n'avait qu'à pas traîner. L'amiante était une merveilleuse découverte. Tout était pour le mieux dans le meilleur des mondes gaullistes, giscardiens, mitterrandiens.

*

J'aurais voulu une autre enfance ! Je souris. C'est en souriant qu'aujourd'hui je l'écris. Mais cette pensée m'a obnubilé. Et je sais désormais qu'avec une telle obsession ma vie se cognait inexorablement dans un labyrinthe. Assumer. Nous devons tous assumer notre passé. La seule manière de vivre vraiment, pleinement, le présent. Karine ne l'a toujours pas compris. Mayline ne l'a toujours pas compris. Elles ont la nostalgie des *"belles choses"* de leur enfance et des blessures *"inguérissables."* Les deux faces d'une même erreur. Comme si nous avions le temps de ratiociner ! Ne vous moquez pas de moi : je sais n'être pas totalement exempt de ratiocinations… mais je m'en sers comme terreau… oui, je n'en suis pas arrivé par hasard à passer des mois à ra… turer…

*

Les gendarmes m'arrêtent. PV. Éclairage déréglé. Soudain monte en moi l'envie de leur cracher "il est plus facile de racketter au bord des routes que de se lever à trois heures du matin pour sauver un enfant." Je me retiens.

*

J'ai toujours entendu louer son intelligence ! Je le considérais stupide. Pourquoi cette légende ? Même chez ma mère. Avoir été premier de son école au certificat d'étude avait suffi ?
Répéter une chose, c'est parfois suffisant pour convaincre son entourage… Je l'ai depuis souvent constaté. Gratter un peu le verni, la patine, permet de discerner la véritable nature.

*

On regarde presque exclusivement les gens "comme ils sont." Sans observer leur voie, ce qu'ils deviendront. Et l'on se réveille quelques mois ou années plus tard au côté de mutants, étrangers ou pire, ennemis.
J'ai regardé Mayline en occultant ses "problèmes", je l'ai vue comme elle pouvait, voulait devenir. Je ne le regrette pas. Même si je suis le seul à l'avoir vue ainsi, je n'ai pas rêvé. Même si elle devient comme les autres la voient. Le dossier à charge envoyé au tribunal, par le père de leur fils, l'indignait. *"Comment ose-t-il me décrire ainsi ?"*

*

Reproduire son drame. Mais en dénichant des victimes pour le rôle qu'on lui a imposé, le rôle du pauvre bougre sorti de son village, jeté dans une guerre incompréhensible. Il y apprend la peur, la grande frousse, de tomber dans une embuscade, s'y faire égorger. Il n'était jamais sorti de son canton. Il n'a pas la capacité de comprendre. Politiquement. Socialement. Humainement. Historiquement. Son rôle, dès qu'il en est revenu, apparemment indemne, sera double : celui qui sait (endossant la tunique des hautes autorités militaires dont il suppose l'infaillibilité, l'omniscience, incapable de se dégager de la situation et les observer en simples marionnettes emportées par le vent de l'Histoire) et celui qui peut tuer à tout instant (les fellaghas).

Mais pour que le jeu puisse durer, la victime doit être trop faible pour déjouer la manipulation. Il la trouve facilement : l'époque n'est pas aux femmes de caractère, surtout à la campagne. Avoir des enfants, c'est normal pour un couple. Ils formeront de nouvelles recrues.

Naturellement, il n'a jamais conceptualisé son rôle de série B et les conséquences de sa dérive. S'il se regardait dans une glace il devait s'effrayer : les photos de mariage attestent qu'il fut physiquement plus avantagé que la moyenne. Pour devenir ça ! La gueule du poivrot de base !

Il m'a bien fallu une dizaine d'années de réflexions avant cette ébauche de cohérence historique. Tout concorde. Une vie ratée. Complètement ratée.

Même sur la voie de la sérénité, on rate si facilement sa vie, on passe si souvent à côté de l'Essentiel. Alors sans ! Qu'ai-je fait de ma vie ? La revisiter ainsi c'est aussi constater mes propres embrigadements, les petites satisfactions dérisoires après lesquelles j'ai couru. Courir pour ne pas affronter de face l'échec niveau Essentiel. Regarder quotidiennement l'échec de face est sûrement une épreuve surhumaine.

*

Qui est vraiment satisfait de son enfance ? Pas durant, où

fort heureusement l'insouciance prime le plus souvent, mais plus tard, quand les difficultés peuvent amener à chercher des causes anciennes. Même les privilégiés veulent vite grandir. Même Karine a trouvé une logique pour souffrir de son enfance et une psychologue providentielle pour lui servir l'expression propice "*amour conditionnel*", au sujet de ses parents coupables d'avoir exigé des bonnes notes en contrepartie de l'attention, l'amour. Ses parents n'étaient naturellement pas parfaits. Comment auraient-ils pu l'être ? Mais ils ont privilégié l'éducation de leur fille, qu'elle ait un bagage et des valeurs. Karine n'a même pas compris leur blessure quand, incapable de rompre une relation évidemment à rompre, elle s'est vautrée dans l'adultère, acceptant les oripeaux de l'amante d'un commercial dépressif, en quête d'un corps pour pimenter son existence vide. Elle aurait pu au moins ne pas le proclamer ! On fait parfois des conneries qui ne regardent que soi. Ils sont intervenus et elle a uniquement retenu des mots certes déplacés. Et pour leur prouver qu'elle n'avait pas été qu'une vulgaire amante, elle a voulu maintenir cette relation, lui octroyer un statut honorable… quand même pas au point de croire que cet individu puisse devenir le père d'un enfant qu'elle porterait… Alors elle a voulu un enfant de moi – et le pire c'est que c'aurait pu arriver.

*

On ne naît pas alcoolique, on le devient. L'alcoolisme n'est pas génétique ! (comme pour tout on peut discerner des "prédispositions")
Dans son cas, répondre "la guerre d'Algérie" c'est évidemment répertorier au moins une des causes. La

cause unique ? Sans arme psychologique pour lutter contre les éléments, il a saisi la bouée la plus accessible. Ailleurs ou à une autre époque, la drogue l'aurait sûrement "délivré de ses fantômes." Ses causes, au fond, je m'en fous. Ses conséquences furent mes causes. Réfléchir m'a permis d'éviter bien des erreurs, de sortir de bien des impasses. Si souvent borderline.

Mayline borderline. Karine borderline. Aline borderline… Ce n'est naturellement pas un hasard si j'ai flashé si souvent pour des Femmes borderlines. Nos failles nous ont aimantés… Quant au Bonheur à chaque fois envisagé… elles l'ont saccagé… je ne l'ai sûrement pas assez protégé…

*

Le monde a sûrement changé trop vite pour eux. Dans les années 30, cette campagne ressemblait encore grandement à ce qu'elle fut au moyen âge. Ils ont grandi comme des enfants nés pour continuer la longue chaîne des agriculteurs. Même avec un penchant "naturel" pour l'alcool, une vie classique l'aurait recadré : durant des générations les agriculteurs n'ont pas eu les moyens de dépenser des fortunes au bistrot ni de se faire livrer des caisses et des caisses de vin, par Leleu, de Pernes, son camion rouge ponctuel, un jeudi sur deux. Durant des générations, les jeunes appelés à la guerre, le plus souvent n'en revenaient pas et si la chance les avait épargnés, ils rentraient au moins assez estropiés pour ne pas se croire les rois du monde et se contentaient de reprendre une petite place bien discrète. Les difficultés quotidiennes se chargeaient de leur rappeler les piliers de la vie : travailler, manger, dormir.

*

S'en sortir est parfois difficile à assumer. De nombreux Juifs revenus des camps de la mort se sont suicidés par incapacité à vivre. Primo Levi. Pourquoi m'en suis-je sorti et pas eux ? Il s'est sûrement posé la question.

Je me la suis posée aussi.

Certains sont morts sur la route, d'autres du sida. D'autres… Il arrive un âge où l'on peut raisonnablement se considérer survivant.

*

- Pourquoi personne n'a fait dérailler les trains ? Vous saviez pourtant qu'aucun Juif ne revenait !

- Dès qu'il y avait du sabotage, les boches prenaient au hasard dans un village et zigouillaient sur la place.

Ma mère est née en 1929. Je ne lui en ai jamais voulu de ne pas avoir été résistante. Même quand vers 18 ans je me suis identifié au peuple Juif. Mais je n'ai jamais entendu parler d'actes de résistance dans notre village. Du marché noir, oui. Des familles devenues riches ainsi, et toujours fortunées.

"On" sait comment elles ont pu acheter leurs terres mais "on" les respecte. Ce n'est naturellement pas du respect. Mais il faut *"les respecter",* bien leur dire bonjour, admettre leur supériorité.

"On sait ce qui arrive à celui qui la ramène." Encore aujourd'hui, ma mère voudrait bien pouvoir m'empêcher d'écrire sur Nicolas Sarkozy, Maurice Papon, l'héritier Hersant ou les avocats. Les fleurs et l'amour, comme ça ferait de belles chansons ! Retourner à Groupama serait quand même préférable !

Je lui ai parfois répondu *"on sait ce qui arrive à ceux qui s'écrasent."* Naturellement, elle ne pouvait pas comprendre le sens exact de cette réplique, même quand quelques arguments suivaient.

*

J'avais plus de vingt ans quand j'ai découvert la naissance de Jacques Brel en 1929 aussi. Je lui en avais parlé. Plus tard de Milan Kundera.
Mais ils ne sont pas nés à Hunier !

*

J'essaie de retrouver des instants de plénitude à Hunier. Je me souviens d'avoir marché avec ma sœur, monté la grande côte "des prêles" pour porter un repas à nos parents dans les champs (ils plaçaient des betteraves) ; j'avais 6 ou 7 ans. Je me souviens, alors que j'en avais une dizaine, d'une grande virée jusqu'au monastère de Belval avec les autres enfants du catéchisme et monsieur le curé, je me souviens des œufs de Pâques cherchés dans les buis devant la maison, je me souviens très vaguement d'avoir été malade vers quatre ans, mon lit était alors "en bas", près du feu et j'avais eu "bichette", je me souviens des cerises, du tapis roulant et ma Mickette.

*

"J'avais 20 ans. Je ne laisserai personne dire que c'est le plus bel âge de la vie."
Paul Nizan.

*

125

Tu rêves ! Je me tais : je n'ai pas la chance de pouvoir rêver. Du concret, rien que du concret. Sa mort ou devenir très riche. Sa mort : totale délivrance. Devenir très riche : il ne pourra plus rien contre moi et s'il s'approche je dénicherai facilement un professionnel pour l'éliminer sans trace ; puisque les riches réagissent ainsi ! J'achète le *journal financier* : la bourse est sûrement le meilleur moyen de devenir riche rapidement et légalement…

*

J'ai désormais compris : ma grand-mère l'avait cerné. Je crois qu'elle avait parfois aidé dans un café durant sa jeunesse et l'un de ses neveux, dans la Somme, devait lui aussi "accueillir des alcooliques." Sans analyse ni philosophie mais d'expérience. Je l'entends encore *"quand vous ne serez plus saoul, vous pourrez parler"* ou *"osez me toucher et c'est en prison que vous irez cuver."* Il traversait alors sa pièce en vitesse et venait dans la cuisine gueuler, injurier ma mère, l'accuser d'avoir accepté qu'elle revienne, qu'elle était là pour foutre la merde, ma mère devait la jeter dehors.

Oui, il suffisait que ma grand-mère le renvoie à sa condition d'alcoolique, ne s'énerve jamais, pour ne pas être harcelée. Inconsciemment, j'ai sûrement suivi son exemple en lui masquant ma peur. Si elle avait su l'expliquer, elle nous aurait transmis sa compréhension. Mais elle aussi, elle a vécu loin des livres. Sa chance est d'être un jour partie…

*

"Ce qui ne te tue pas te rend plus fort." Dès la découverte

de cet aphorisme de Nietzsche, je répondais souvent ainsi. Souvent de manière déplacée. J'avais aussi sûrement des difficultés à le croire. J'étais vivant mais me sentais si vulnérable. Il ne me tue pas mais ce combat me détruit.

*

J'avais un magnétophone. J'ai essayé de l'enregistrer. A chaque fois la bande était inaudible. Il fallait parler à quelques centimètres du micro.

Aujourd'hui, avec un caméscope placé discrètement sur un meuble, il serait possible de prouver les menaces, le "harcèlement." Comment alors prouver à un juge qu'il devait nous en débarrasser ?

Tu n'as même pas été violé. Tu n'as même pas été tabassé. Tu n'as même pas été séquestré. Tu n'as même pas été affamé.

Je sais. J'ai juste grandi avec la hantise d'être assassiné. Je sais : même pas à quelques mètres d'une chambre à gaz. Je sais, je n'ai jamais respiré l'odeur d'êtres humains brûlés ni vu des proches décapités à la hachette. Autre époque, autre lieu. Époque et lieu dits civilisés, où non, oh non, personne n'aurait laissé un enfant grandir ainsi. Écrire pour corriger l'histoire officielle et sa prétention du "c'était mieux avant", ses statistiques sur la croissance exponentielle de femmes battues, de pédophiles, d'enfants martyrisés, d'incestes. Alors qu'enfin les victimes peuvent parler. Dans la France giscardienne et mitterrandienne, prompt à se proclamer exemplaire, l'homme était maître chez lui. Madame Giscard comme madame Mitterrand, même si je les suppose jamais martyrisées, furent priées de rester pour les photos officielles. Un président ne divorçait pas ! La femme, même trompée, se taisait. Et l'homme naturellement pouvait semer fils ou fille ailleurs, mener double vie. Même dans ce milieu-là, la supériorité de l'homme était évidente. Alors à la campagne ! (sur ce sujet-là, Nicolas Sarkozy peut se prévaloir de mettre en pratique son leitmotiv de campagne : "*la rupture*")

C'aurait pu être pire : j'aurais pu être assassiné. L'*abeille* aurait titré "drame de l'alcoolisme à H" ?

Ou l'assassinat aurait été maquillé en accident ?

*

C'est normal que je boive, avec une femme et des gosses pareils (traduction forcément !).

*

Dans les yeux de ma mère, j'ai appris la peur. J'en fus imprégné. D'aussi loin que je me souvienne. Et je n'ai pas de raison de croire qu'avant ce fut mieux. Quand l'enfant a besoin d'apprendre l'amour, la sécurité, de regards heureux. Je ne savais pas vraiment sourire. En quelques heures, ma "*princesse espagnole*" m'a aussi donné cela, le sourire. Ah son sourire !... et la douceur de sa peau...

*

Que vont dire les gens s'ils voient les gendarmes ici ! Que vont dire les gens si...

Ma mère n'a jamais cru pouvoir recevoir la moindre aide de la société ; l'État acoquiné aux riches, les impôts à payer, les gendarmes verbalisent les braves gens pour tout et n'importe quoi (et il faut leur offrir un cadeau, ou au député, pour faire sauter le PV), la justice alliée des puissants. Elle n'avait pas tout à fait tort mais elle avait tort de l'accepter.

*

128

En 1999, je suis retourné là-bas. Et j'ai fait "le tour."
Oui ! Oncles, cousins et voisins. Pas tous quand même !
Ils n'avaient jamais hurlé *"je ne veux plus te voir"* mais
avaient prononcé un peu bas *"quand tu voudras."*
Ils avaient préféré *"ne pas chercher à comprendre."* J'y
suis retourné avec la pensée "adieu." J'avais même bu du
café. Depuis je n'ai revu personne. Il se peut qu'un jour je
croise quelqu'un. Je n'ai, finalement, rien à leur
reprocher ! Catapulté à leur place, je n'aurais sûrement
guère fait mieux. Ce qui fut une tare, une tache, est
devenu une force. Quantité de créateurs sont passés par
une expérience extrême. J'ai suivi, finalement, un chemin
depuis longtemps répertorié ! La plupart n'en guérissent
pas vraiment et la création reste une béquille, un exutoire.
J'ai soif de sérénité, plénitude, harmonie. Il m'a presque
fallu vingt ans pour me reconstruire. J'ai vingt ans !
Au village, de mon retour, ils ont retenu : il n'est même
pas allé sur la tombe de son père.

*

Durant la canicule 2003, nul n'a réclamé le corps de
personnes âgées mortes à Paris. La nation s'est recueillie,
a offert des sépultures, Jacques Chirac tenait l'occasion de
revêtir le costume du pépé du peuple.
Mais ces morts, *"ces morts scandaleusement oubliés par
leur famille"*, étaient-ils dignes du respect de leurs
enfants ? (parmi eux, certains n'avaient d'ailleurs,
sûrement, aucune famille)

*

Quel phénomène neurologique me permet de redécouvrir

ce passé apparemment sorti de ma mémoire depuis des années ? La psychanalyse nous a apporté des réponses sur notre fonctionnement mais j'en suis persuadé : les études neurologiques représentent le plus vaste champ disponible à notre investigation. Parfois j'arrive même à faire ressurgir des minis films. Je le revois à table alors que je vide sa bouteille de vin dans l'évier. Le sourire de Christine s'affiche en surimpression. Du pied gauche je marque un but pour la première fois dans un vrai match. D'un tir croisé, c'est à Vublon, j'ai douze ans. De vingt mètres, j'expédie le ballon presque en pleine lucarne. C'est à Troisvaux, mon dernier but, mon dernier match officiel. Toujours du pied gauche. Je suis droitier. Le football s'efface, surgissent Angélique, Fanny, Betty, Fabienne… et le sud…

*

Janvier 2006. Je lis *"Ce qui rend délicates les questions sur l'autobiographie, c'est qu'en fait je ne me souviens plus très bien de mon passé. Je suis habitué à mentir constamment sur ma propre vie, ce qui m'oblige à avoir des doutes."* Michel Houellebecq, en 1998, à la sortie du roman *les particules élémentaires*, où Bruno né en 1956 et Michel en 1958, demi-frères, constatent leur échec et celui de la société. MH alors officiellement né en 1958. Quelques années plus tard seulement son arrangement avec le calendrier sera découvert, la naissance de Michel Thomas deux ans avant la date partout notée. Je suis né en 1968, donc il serait dommage d'en changer. Ma princesse espagnole écrivait *"les nés dans l'année 68, toujours, nous pensons en la France et sa révolution, c'est bon, être attaché à ce mot."*

*

Si j'en étais encore à maudire cette enfance, je n'aurais rien fait de ces vingt années. J'ai pu obtenir la capacité de raisonner, découvrir la littérature. Pas eux. Plus que l'école, la littérature m'a sauvé. L'école m'a permis de sortir les pieds du merdier, la littérature le reste. Les instits et les écrivains sont sacrés.

*

Un traumatisme peut sévir durant des décennies quand il n'est pas soigné. C'est l'impasse la plus fréquente. Dans la majeure partie des cas, les conséquences, bénignes, sont acceptées par l'entourage simplement désolé du "mauvais caractère." Un silence pesant, souvent. Ou des colères, jamais saines.

*

Prétendre raconter le passé tel qu'il fut, c'est naturellement se tromper soi-même avant d'emmener les autres sur ce chemin ? Avec l'excuse de la bonne foi ?

Des souvenirs, un tri et une reconstruction. Je ne suis plus l'enfant derrière le chêne ni celui mystérieusement attiré par Karine. Je suis le type *en pause*, qui se demande ce que sera demain. J'ai replongé mais avec l'expérience, le vécu. Vu d'ici et maintenant, ce fut ainsi. Je me méfie toujours du "*histoire vécue*" sur la couverture d'un livre.

Les faits furent ainsi. Quant au pourquoi, toute réponse serait discutable.

Je conçois parfaitement que des passants de mon passé puissent prétendre "je n'ai jamais rien vu de ça... il invente pour se rendre intéressant", que Karine soit en colère. Elle a voulu être ma muse, elle fut heureuse de l'être. Je n'ai personne à convaincre. J'ai 40 ans. Je vis à neuf cents kilomètres de ce village, un peu moins de Karine mais suffisamment pour ne pas se croiser au marché.

*

Y repenser, à tout, est une grande leçon d'humilité : tant d'années me furent nécessaires pour comprendre ! Pris dans la tourmente des événements, je réagissais en animal traqué, essayant de sauver ma peau.
Même à dix ans, j'aurais pu ouvrir l'annuaire, chercher le numéro des gendarmes et les appeler. Je téléphonais bien chez le vétérinaire, pour demander l'inséminateur, et fournissais d'une voix bien distincte, les renseignements nécessaires, le nom du taureau, la date...
Mais leur petite morale du qu'en-dira-t-on me figeait.

*

Je n'étais pas assez attentif pour comprendre ce qu'ils savaient de ma vie, notre drame. Qui s'en réjouissait ? Je ne pensais qu'à sauver ma peau. Notre peau. Je n'aurais pas pu partir, fuguer. Si je pars il les tuera. Il avait réussi à m'en persuader.

*

Groupama, l'assureur des agriculteurs. Le directeur est un très lointain cousin de ma mère. Elle croise régulièrement sa sœur au marché de St Pol. Elles ont des souvenirs d'enfance. Ma mère a téléphoné à ce lointain cousin... et il est intervenu : je suis retenu pour le stage à la Sicorfé, la plus grande société de services informatiques d'Arras, celle où presque tout le monde a postulé ; la Sicorfé gère

132

l'informatique de Groupama. Je suis *"le pistonné"* pour ceux qui savent ; les autres s'étonnent qu'ils aient retenu un tel hippy.

*

Je n'ai jamais eu la tentation de croire en Dieu. Je n'ai jamais cru aux êtres humains. La dialectique communiste m'est naturellement tombée dessus. J'ai immédiatement été anticommuniste, leurs mensonges m'apparaissaient évidents. Ils sont comme lui ! Ils oppriment. Le communisme n'est qu'une adaptation à la société de mon enfance. Tout le monde doit trembler, redouter le dictat. Tous ensemble ! Chantez donc votre "tous ensemble", grisez-vous de "solidarité." Pour mieux détourner les yeux des réalités. Votre Staline pouvait déporter, assassiner sans opposition : il glorifiait le peuple. Promettre un avenir radieux n'est qu'une arnaque : le bonheur est à prendre immédiatement, personne ne viendra le donner. Et personne ne peut l'imposer. On ne fait pas le bonheur des autres contre leur volonté. Je le sais, Mayline !

*

"L'homme n'a pas une seule et même vie, il en a plusieurs mises bout à bout." Chateaubriand ajoutait *"et c'est sa misère."* Plusieurs vies, oui, dont une vraie après des brouillons, des époques confisquées, des impasses. Mayline aussi doit passer en époque 3. Son époque 2 ayant débuté à 7 ans. Plusieurs vies, dont celle débarrassée des embrigadements, des parasites. La plupart des gens ne la connaissent jamais cette vie voulue. Il faut la vouloir vraiment pour la vivre et alors ce n'est même pas certain.

*

133

26 février 1988. Sylvie me dépose à la gare de Saint Pol où le matin j'avais laissé ma voiture. Retour une heure avant l'arrivée du premier train.

De l'église j'aperçois le fourgon des pompiers, celui des gendarmes, l'attroupement. Je tremble. Il les a tuées. Cinq cents mètres, j'accélère.

Peut-être un roman autobiographique

Deuxième partie

J'avais 20 ans. Je ne laisserai personne dire que c'est le plus bel âge de la vie.
Paul Nizan.

26 février 1988. Sylvie me dépose à la gare de Saint Pol
où le matin j'avais laissé ma voiture. Retour une heure
avant l'arrivée du premier train.
De l'église j'aperçois le fourgon des pompiers, celui des
gendarmes, l'attroupement. Je tremble. Il les a tuées. Cinq
cents mètres, j'accélère.
Je dois être blanc en descendant de voiture.
Paul remarque sûrement ma frayeur :
- Va à la maison, ta mère te racontera.
Plus tard je penserai qu'il a sûrement eu l'impression de
prononcer la meilleure phrase possible mais sur l'instant
j'imagine qu'*il* a tué ma sœur.
- Il s'est pendu.
Soulagement.
- Dans l'hangar.

*

Et n'allez pas proclamer "Dieu est intervenu." Personne
ne l'a forcé à se lever, sortir, prendre une bonne longe,
l'attacher à un bastaing, s'y pendre.

*

26 février 1988. Nous avons tous, sûrement, à un instant

137

de notre vie, la tentation de croire en l'impossible. Le plus souvent malheureusement il suffit de quelques orages pour l'oublier. Minutes d'euphories : je me suis juré de faire de ma vie un très grand Bonheur, de trouver l'Harmonie, vivre l'Amour, vivre loin de ce village de la grisaille.

*

26 février 1988. Il s'est pendu vers onze heures. Avec une simple longe si utile dans une ferme. Après mon départ, il était sorti nettoyer un côté de l'étable à vaches. Il lui suffisait de reculer le tracteur et le bac attelé à l'arrière, y pousser avec une pelle les déjections. Puis il était retourné se coucher. Comme presque chaque jour. Il s'était relevé vers onze heures. Ma mère était dans la cuisine, préparait le repas. Il n'a pas terminé les litières.
Ma sœur est rentrée de St Pol vers onze heures trente, avec le pain, des courses. Comme d'habitude, elle a garé sa voiture "à sa place", côté gauche du premier hangar, juste avant la stabulation. Elle l'a aperçu contre un poteau. Ses pieds touchaient le sol mais il avait l'air mort. Elle ne s'est pas approchée. Elle est allée chercher notre mère.

*

Elles ont découvert un fait : il s'est pendu. Moi, durant sûrement moins de deux minutes, j'ai eu la sensation du drame survenu : il avait tué.
Ces secondes, personne ne s'en est jamais soucié. Pas d'aide psychologique !
Qui a imaginé, compris, ce que j'ai vécu ?
J'ignore combien de secondes les monstres sont restés à

138

l'intérieur de Mayline. Mais pour elle aussi, je crois, ce sera toujours "une éternité."

*

26 février 1988. Auraient-ils été en pleurs, les voisins, s'il avait tué ma mère et ma sœur ? À leur visage, je n'ai pas compris ce qui s'était passé. Il y avait une animation dans le village, donc ils étaient là. Comme ils l'auraient été pour le passage de la caravane publicitaire du Tour de France.
Un autre scénario n'y aurait rien changé : petit spectacle.

*

Ils savaient. Mais jamais leur savoir ne les a poussés à intervenir. Un savoir malsain, pour médire, prédire "ça finira mal", un sujet de conversation. Eux n'auraient jamais accepté un fils comme moi, avec des cheveux longs, une dégaine de drogué... Tous arboraient la coupe "propre", comme insistait ma mère, jeunes comme vieux.

*

J'ai espéré avoir tenu un rôle dans sa décision d'en finir. Plutôt qu'un "acte de folie." Aujourd'hui, je m'en fous. Des faits. Je suis ainsi devenu plus sensible, émotif que la moyenne, et j'en ai fait mon métier, et surtout j'ai cherché l'humanité au plus profond de moi, cette quête d'Essentiel m'a éloigné de la majorité de mes chers concitoyens ; pauvre Karine : elle a vu de la misanthropie dans mon refus de frayer avec les crétins ! Certains êtres humains sont sortis de l'humanité, les violeurs, les pervers psychotiques par exemple.

*

Je ne le touche pas. Je ne me souviens pas de l'avoir touché un jour. Je le regarde et sa raideur me surprend. Il est sur une table froide. Dans la salle de la télé. Son visage a un peu perdu de sa rougeur d'alcoolique. Un peu. Voilà. C'est fini. Enfin fini. Je peux commencer à vivre. Enfin commencer.

*

Même son suicide n'est pas une circonstance atténuante, une demande de pardon. Il s'est suicidé en pensant ainsi nous marquer d'une tache indélébile : nous serions ceux qui l'ont poussé au suicide, ignobles enfants, ignoble épouse. Et nous devrions porter ce fardeau, être la honte du pays. Je comprends comment il en est arrivé là, je ne lui pardonne pas. Enfin, maintenant je m'en fous. Certains prétendent qu'il faut "pardonner aux morts." Les morts n'existent pas plus que s'ils n'avaient jamais existé ! Comme je n'ai pas à pardonner à Karine, à Mayline. On ne pardonne qu'aux vivants qui demandent pardon, le demandent avec plus que des mots, en s'impliquant, en déposant au ruisseau les oripeaux de leur passé qui les fit se comporter ainsi, en "changeant d'époque."
Certes, je ne serais pas là s'il avait été égorgé en Algérie… mais je ne serais pas là non plus si un seul des maillons de la longue chaîne des générations était mort avant de donner la vie. Mon ADN comporte une trace de chacun, chacune. Combien parmi mes ancêtres ont ignoré le visage de leur père ? De leur mère ? Vu de l'antiquité, chaque présence sur terre est improbable, presque impossible. Combien de famines, pestes, massacres ?… Pourquoi devrais-je accorder plus d'importance à ce père

indigne qu'aux autres ? J'en suis persuadé : tout le monde a au moins un ancêtre assassin. Finalement, heureusement !, personne ne le sait. C'aurait pu être pire : j'aurais pu être le fils de Maurice Papon ou Robert Hersant !

*

Comment rattraper le temps perdu ? Comment vivre à deux cents à l'heure ?
Si je vis deux fois plus vite que les autres, à quarante ans j'aurai rattrapé le temps perdu... (j'ignorais que le temps perdu ne se rattrape jamais ; on peut juste essayer de ne pas y ajouter la perte du temps présent)
Il faut vivre vite, la mort vient tôt (ça je l'avais lu).

*

J'ai ouvert le frigo, pris la bouteille d'eau et bu deux grands verres.

*

"Il ne t'a manqué de rien." Chaque repas était un vrai repas, suivant les considérations alimentaires. J'ai même dévoré un nombre considérable de gâteaux *Napolitains*, paquets achetés chaque vendredi lors du passage de l'épicier, donc à un prix exorbitant. Et chaque lundi, du marché de St Pol, ma mère ramenait une cargaison de fruits. De vrais fruits, cueillis à maturité. C'était du temps d'avant les chambres froides et du transport de masse. J'ai même mangé des pamplemousses, depuis remplacés par des pomelos. Il ne m'a manqué de rien et pourtant je mangeais sans plaisir ; toujours une peur dans les

entrailles ; j'ignorais l'existence de la pauvreté, comme j'ignorais l'existence de familles harmonieuses où les enfants apprenaient les savoirs, les bonnes manières, le goût de la vie. J'ai appris un versant de la vie : à ne pas forcément croire les belles paroles, à me méfier des gens. À six ans, je ne savais même pas écrire mon prénom ni tenir un crayon ! Envoyé à l'école de Vublon uniquement car l'école était obligatoire. *Sacré Charlemagne ! Pour ce qu'ils leur apprennent !*

"Il ne t'a manqué de rien. J'ai tout fait pour qu'il ne te manque de rien." Tentative de justifier l'injustifiable, l'inacceptable. Jamais depuis ma mère n'a même marmonné *"j'ai eu tort."*

*

"Oublie. Il faut oublier." Ma mère sait d'où me viennent mes colères.

Heureusement, je n'ai jamais essayé d'oublier. J'ai essayé de comprendre. J'espérais "un jour assumer." Je pensais "assumer" sans trop savoir qu'y mettre derrière. Il m'a donc fallu des années pour assimiler que tout cela, pour moi, n'avait, à chaque instant présent, aucune importance. Pschitt !

*

Encore récemment :
- Pourquoi tu ne m'as pas appris à écrire, même pas mon prénom ?
- Tu crois que j'avais le temps, avec un père comme le tien. Les instituteurs sont payés pour ça.

*

26 février 1988.

- Ne dis pas aux gendarmes qu'il avait parlé de se suicider, sinon on aura des problèmes.

Ils m'interrogent, en dernier. Pour ma mère puis ma sœur, dans la cuisine, en présence uniquement de monsieur le maire. Pour moi, ma mère reste.

Je suis un enfant dont il faut surveiller les propos ?

Les gendarmes n'exigent pas sa sortie, approuvent donc, l'un questionne, l'autre note. Je fixe son stylo bic noir et son carnet. Envie de lui demander ce qu'il va en faire de ses informations ; après combien de temps tu les brûles tes carnets ? Tu les remets à ta hiérarchie ? Ou tu les garderas pour tes vieux jours, te donner l'impression d'avoir servi à quelque chose ?

Je n'ai rien à raconter, allez vous faire foutre. Je vous méprise. Ma mère prépare le repas. La bonne excuse. Elle me fixe régulièrement. Signification : ne te fais pas remarquer, il faut bien parler ! Envie de rire, chanter. Je suis aussi en colère contre elle : sa présence – ça, ça ne se fait pas ! Cette indiscrétion m'énerve, m'indigne. Le jeune flic note. Je réponds Vladimir Jankélévitch (je sens son hésitation ; j'ajoute *"comme ça se prononce";* il ne rétorque rien). Stoïciens. Sénèque. Chacun est libre de sortir de la vie quand il le désire. Sa mort ne me concerne pas. Je suis soulagé. Ouf ! Ouf ! Sauvé ! À part ça ? Ça ne me fait rien ! Il n'était rien pour moi, il n'est rien, rien, absolument rien. Oui, rien (si je vous répondais que ça me rend heureux, je vous choquerais ? Pauvres keufs, je vous méprise ; si ce n'est vous c'est donc deux des vôtres, qui buvaient l'apéritif avec lui). Il n'avait jamais parlé de suicide ? Il parlait de nous massacrer mais ça vous vous en foutez, c'est hors sujet ? Lucien fixe l'évier, envie de balancer "vas-y, regarde-le, et souviens-toi de moi en

1978, souviens-toi de mes pantoufles quand je suis allé frapper à ta porte à trois heures du matin"; ils en ont assez dans leur petit carnet. Après tout, ce n'est qu'une enquête inutile, ils ont sûrement un apéritif à prendre ailleurs.

*

Des problèmes ! Eh oui : non assistance à personne psychologiquement fragile ! J'aurais dû l'aider, moi, moi qu'il menaçait de tuer, il aurait fallu le sauver, le bourreau ! Il aurait fallu l'empêcher de "commettre l'irréparable"... qu'ils se suicident, tous, les bourreaux ! S'ils sont incapables de laisser les autres vivre tranquillement. Suicidez-vous !
Son suicide est une délivrance.
- Si j'pars d'ichi cha s'ra les pieds d'vant, et tout l'honte r'tomb'ro su vous. Té peux m'raviser, in dira qu'ché dé t'faute, et pu eine fille voudra d'ti...

Selon lui, un suicide dans la famille marquait au fer rouge.
- T'es même pas capable de t'foutre en l'air, t'es juste bon qu'à nous emmerder.
Je doutais de l'efficacité de ma réplique. Comme de certains de mes boniments : je vais aller voir un avocat pour te faire interner en hôpital psychiatrique ; on sera trois à témoigner des menaces de mort, les juges vont t'envoyer en prison ; t'es qu'un taré, un alcoolique, une loque, un poivrot, une larve, un insecte, un vieux con. Finalement, il suffisait de lui résister ! J'ignorais posséder une arme redoutable : les mots. Puisés dans Trust, Téléphone, Renaud et des livres rarement compris. Comment aurais-je pu assimiler Vladimir Jankélévitch !

Mais j'aimais bien prononcer ce nom et tenir en main un gros livre intitulé *"la mort"* les impressionnait.

*

Pourquoi ? Pourquoi ?
Mais ils n'attendent pas de réponse.
Ajoutent *"on ne sait jamais pourquoi, c'est un mystère."*

*

Pourquoi ? Parce qu'il fut incapable de vivre dignement. Et basta !

*

J'aurai mon BTS. Et je ferai tout pour que le stage se transforme en contrat. Je travaillerai. Parce qu'il le faut, tout sera sûrement vendu ici : il s'est suicidé aussi à cause des dettes et vendre la maison sera peut-être nécessaire. Oui, je travaillerai. Mais en trichant : employé modèle uniquement en apparence, serviable, aimable, dévoué. Un jour je partirai. Loin. Ça doit être beau, le sud, Toulouse, oh Toulouse, et pas un monstre pour tout gâcher. Aussi beau que la Grèce.

Il est froid sur une table froide. Je suis fatigué mais ne dors pas, je rêvasse : et si la vie, finalement, pouvait être autre chose. Je repense aussi aux mots venus en moi quelques heures plus tôt, comme si pour la première fois j'avais pu lui parler, avant de monter "tu n'aurais pas pu plutôt être un vrai père." C'est quoi, un vrai père ? Je ferme ma fenêtre mais conserve les pulls sur la tête.

*

Personne n'en a parlé. Personne n'osa en parler le premier ? Tout le monde y pensait ?

26 février 1988. Vendredi 26 février 1988.

Il a vu sa femme pour la dernière fois soixante-dix mètres avant son bastaing final et il est raisonnable de suggérer qu'il pensait "tout le monde t'accusera de m'avoir poussé au suicide et dans six semaines tu me rejoindras au cimetière." Et ses enfants, ses maudits enfants, n'auraient plus qu'à porter la croix de cette double disparition dont ils seraient partout considérés responsables.

Il s'est suicidé un vendredi, persuadé qu'une mort le vendredi était suivie d'une autre dans la famille, sous six semaines.

26 février 1988, 8 avril 1988. Dans ma tête, ce n'était pas forcément ma mère la victime.

*

27 février 1988. Ma mère leur sert une raison "propre": il croyait avoir un cancer ; *"depuis des mois il maigrissait."* Aux oncles elle ajoute quand même *"faut dire, il ne se nourrissait presque qu'avec du vin et de la bière."*

*

Je dois arrêter "l'école"!... Et reprendre la ferme ! Continuer la longue lignée d'agriculteurs. Maintenant il intervient ! Il se prend pour qui, pour le "chef de famille", cet oncle ? Je pense "il est trop tard, vieux con, pour l'ouvrir."

Ma mère répond : *"il est grand maintenant, il fera ce qu'il voudra."* Enfin une parole censée ! Car ce n'est pas à moi qu'il s'adressait, je ne suis qu'un simple enfant. Un enfant doit rester aux ordres tant qu'il vit sous le toit familial !

146

L'oncle est fâché ! Et en plus j'ose conclure : *"mercredi matin, je passe l'épreuve de comptabilité et dans quatorze jours je débute mon stage à la Sicorfé."*

Je m'aperçois de la froideur de ma voix, cette voix ne tolère aucune contestation, la voix qui depuis quelques mois l'écrasait. Je pense "tout est donc question d'intonation... ils m'emmerdent." Je monte dans ma chambre. J'ai vingt ans et je vous emmerde. Vous avez laissé faire et maintenant vous voudriez me guider ! Laissez-moi vivre !

*

Qu'est-ce que j'vais faire... merde alors !?

Elle a peut-être raison : je ressemble à Jean-Louis Aubert (pour d'autres c'est Goldman ou Renaud).

Je souris et reprends "merde alors !"

J'écris :

    avoir mon BTS

    être embauché à la Sicorfé

    l'amour

    à 25 ans quitter Sicorfé, partir dans le sud ; cinq ans
        pour amasser assez et acheter une maison, aimer,
        lire et écrire.

*

Passer d'une enfance volée à une vie d'adulte !

*

Crétin de "petit cousin", accouru présenter ses "sincères condoléances", se réconcilier avec sa "cousine." Pardi, il espérait obtenir les terres pour son fils !

*

Se suicider, c'est croire la situation désespérée.

Heureusement, il ignorait qu'il n'existe aucune situation désespérée mais toujours des êtres qui désespèrent de leur situation.

Même condamné, l'Homme a tort de se suicider : Socrate a eu tort de boire la Ciguë, Sénèque de se poignarder. Ils auraient dû placer les assassins devant leur acte, qu'ils tuent, les notables athéniens, le Néron.

*

29 février 1988. Église. Ma mère pleure. Je pense "arrête ton cinéma." Je la regarde et j'ai envie de sourire, lui crier : "mais tu devrais rire, chanter, danser." Ça ne se fait pas. Ce qui se fait c'est pleurer la mort du mari, à côté du cercueil, entourée du village recueilli. Leur petite gueule d'hypocrites et leurs habits du dimanche. Tu n'as donc vraiment rien compris, tu ne leur dois rien, tu ne leur dois surtout pas le rôle de la veuve du suicidé. Première dans la rangée de gauche comme je le suis dans celle de droite. Derrière moi, ses frères. Comme si le prêche de l'abbé Décobert pouvait te toucher ! Hé alors, ils discutaient parfois, quand notre brave monsieur le curé se promenait avec son chien près du château d'eau. Hé alors ! Tu ne vas pas, quand même, prétendre que cet instant sans violence, ainsi balancé, te rappelle les quelques mois de bonheur peut-être connus avec ce malade ?

Du cinéma à cause du qu'en-dira-t-on ! Ils m'observent. Doivent préparer leurs commérages : il ne pleure même pas, il ne pleure même pas avec ses longs crins, il restera le fils du suicidé.

Allez vous faire foutre ! Ma vie n'est pas ici. Bientôt je partirai. Je ne suis pas d'ici. Vous n'êtes rien, vous avez laissé faire. Réécrivez ma vie comme vous voulez, entre

148

vous, entre médiocres, entre perdus, entre vieillards, vieillards de naissance. Vous êtes la racaille, continuez vos petites méchancetés quotidiennes. Et vous osez entrer dans une église, allez-y, communiez, communiez comme des innocents, laissez fondre l'hostie en vous, comme si vous ne saviez pas…

*

"*Il s'est pendu.*" J'ai cru les mots de ma mère. Les autres aussi. C'est la version officielle. Matériellement indéniable. Mais non : il a voulu être égorgé ; il a voulu reprendre sa place dans l'allée centrale, marcher dans le maquis algérien.
Le rapprochement entre la pendaison et l'égorgement m'est rapidement apparu : il a sûrement pensé qu'il allait, enfin !, ressentir ce que ses copains égorgés ont ressenti.
Personne n'en est ressorti, du maquis, de cette colonne. Un tiers de la garnison égorgé. Le cou tranché. La pendaison est l'expérience la plus proche qu'il ait trouvé.
Il a repris sa place : mort pour la France coloniale. Stupide vu du chroniqueur indifférent. Cohérent par analyse psychologique.

*

Un seul "copain" est là. Il me dit simplement "*je ne savais pas.*" Les autres, ceux du village, au téléphone, lui avaient raconté ce qu'était ce père. Les autres ne sont pas venus. Déjà salarié, il a pris sa journée.
Je l'invite au café, là où "la famille" se retrouve après le cimetière, pour prendre un verre, manger des biscuits. Je me mets dans un coin avec lui.

Naturellement, plus tard, la vie nous éloigna aussi. Et même si lors de notre dernière rencontre (je suis passé aussi chez lui en 1999) j'ai senti certaines de ses réflexions plutôt estampillées Front National, je lui garde une sympathie particulière. Tout en espérant m'être trompé. Tu es de ma famille. Éloignée !

*

En 1999, après ce tour d'adieu, une étrange expérience : à St Pol, plutôt que de prendre la direction Pernes pour retourner à Hunier, j'ai conscience dix kilomètres plus loin de rouler sur la route de la côte. Et "naturellement" j'arrive à Berck. Plage quasi déserte. Une jeune femme promène un bouledogue. Elle ne me voit pas. Quand elle se baisse pour ramasser un morceau de bois avant de le relancer à son chien, j'aperçois au bas de son dos un tatouage, sans parvenir à identifier la représentation. Envie de l'aborder. Mais elle passe à une quinzaine de mètres et je n'ose pas. Une inconnue, une passante.
Mayline a un soleil tatoué presque au même endroit.
Les femmes avec un tatouage dans le bas du dos sont systématiquement plus draguées sur une plage, selon une récente étude (on réalise vraiment de drôles d'études... émission sur *France-Inter*, 2008).
La dernière fois que je l'ai vu ce tatouage... Mayline ramassait une petite cuillère... sa culotte bleue dépassait de son pantalon noir serrant... je ne pouvais plus vivre cette situation d'exigence de non-Amour... il m'a été difficile de retenir des larmes en pensant "un jour un type te verra ainsi et tu subiras un troisième viol"... je suis parti dans la cuisine...   l'impasse de sa vie m'a assommé... Mayline, mon Amour, ton Amour, sont donc

insuffisants !... sa fille voulait venir dans mes bras... son sourire m'a redonné espoir...

*

Le samedi soir, direction Burel, le *Providance*, la discothèque, nouveau nom de *Sono 2000*. Le patron ne parvient pas à masquer sa surprise, je le sens gêné... il part dans une explication, s'excuse... de son absence à l'enterrement... il s'est trompé de jour, est venu le lendemain... son baratin m'indiffère... la pensée "ce type est un mort vivant" me fait sourire, j'abrège *"ce n'est pas grave."* Je ne crois pas en son histoire : il croyait simplement ne pas me revoir avant des mois ! Le fils d'un suicidé devrait au moins respecter une période de deuil, devrait se cacher, longer les murs, s'excuser de la tache indélébile dans son dos, sur son visage...
Bande d'idiots. Il m'a volé mon enfance et vous voudriez que maintenant je m'inflige d'autres années vides. J'existe. Enfin. Et je ne vais pas me soucier de votre opinion. Je ne suis rien pour vous, vous n'êtes rien pour moi, alors basta. On se croise, on se dit bonjour par politesse mais je n'ai plus de temps à perdre, gardez vos invitations au bal des hypocrites pour... pour qui les voudra...
Je me fous du passé. J'ai une vie à vivre. Je ferai des erreurs parce qu'on ne m'a rien appris et qu'il me faudra me cogner à la réalité pour la connaître. Je ne sais rien, j'ai tout à apprendre ! La vraie vie n'est pas ici. J'ai la vie devant moi ! Je n'ai qu'une vie : je la vivrai ailleurs. Je trouverai la solution. Ça tourne dans ma tête. Parfois jusqu'à l'incohérence. Je note quelques bribes dans un carnet avec la liste des filles embrassées et aimées. Oh non, je ne vais pas raser les murs ! La honte, si quelqu'un

doit l'éprouver, c'est toi, toi, toi, toi, vous tous... 8 avril, 8 avril, fixation sur cette date...

*

Ma mère aurait voulu que j'observe au moins six semaines de deuil. Que vont dire les gens ?... Six semaines... Six terribles semaines...

*

J'ai pris la bouteille d'eau dans le frigo... et j'ai bu... des sueurs froides me glacent. Si avant de se pendre il avait empoisonné cette bouteille ? ...
Sa mère a "suivi" son père dans les six semaines ; il est passé devant le frigo en pensant inutile d'aider le drame...

*

Il revient nous assassiner. Des nuits. Des nuits. Des années. Cauchemars.
Peuple irakien, Saddam Hussein doit vous hanter de même. L'avoir vu mort n'est pas suffisant.

*

Je m'en fous de ce qu'ils bavent, de ce qu'ils pensent : ils ne sont pas intervenus. Ils ne sont rien, rien, absolument rien. Je ne suis rien : je suis libre, je ne dois rien à personne.

*

Sicorfé. Me taire et travailler. Je suis sous la responsabilité d'Alain, *"un type bizarre",* sûrement très doué *"mais du Front National."* Il m'apprend la programmation structurée. Comme c'est simple, quand c'est bien expliqué ! J'écris en quelques semaines l'ensemble des programmes du nouveau Contrat d'Assurance Vie de Groupama. Je ne comprends pas tout mais il me donne chaque matin un algorithme et tel un petit robot j'exécute...

Et les programmes fonctionnent ! Alain les lit, les teste, parfois les corrige avant de les transmettre au chef, Xavier. Correction toujours suivie d'explications... Un vrai pédagogue. En quatre années d'études, je ne connaissais quasiment rien de l'informatique réelle... j'en connaissais sûrement autant que nos profs... l'éducation nationale, avec ses salaires trois ou quatre fois moindres qu'une SSI, société de services informatiques, attirait difficilement les compétences... Leur niveau peut se comparer à celui de nos vendeurs d'ordinateurs à *Conforama* ou *But*, ils récitaient déjà des notices.

*

Dans ma chambre, parfois, je ne peux pas croire qu'il est vraiment mort. Je vais l'entendre gueuler ! Alors je mets Trust à fond, je reprends "*antisocial.*" Oui : antisocial. Anti, contre cette société d'hypocrisie où les cheveux longs sont vilipendés par des piliers d'église complices des bourreaux. Vous devriez plutôt prier pour qu'il n'existe pas votre Dieu ! S'il existe, s'il est juste, vous irez tous en enfer. Damnation !

*

Partir d'ici. Je dois partir. Certitude. Je me lève pour vérifier si la bouteille de gaz est en bas de l'escalier. La maison du malheur. Ma mère me demande ce que je fais : "*j'ai soif.*"

*

"Il faut de l'argent pour vivre." Leitmotiv de ma mère. Je sais, je n'irai pas en master. Pourtant, au lycée Guy Mollet les profs me le conseillaient. J'en ai les capacités, oui. Oui mais…

*

Groupama recrute Xavier pour créer en interne son département informatique. Groupama, Sicorfé, Crédit Mutuel : sociétés du groupe Carnot, édifié par Paul Baulier, dont le salaire mensuel dépasse 300 000 francs prétendent des salariés chargés de la paye et naturellement tenus au secret professionnel. J'essaye de me repérer dans ce labyrinthe.

*

Saddam Hussein est mort de la même manière. Sans le vouloir, lui, certes. Mais…

*

Sa mort n'est pas le Bonheur. Pas d'abracadabra ! Il m'a bouffé 20 ans de ma vie et je n'arriverai jamais à les rattraper. Même en vivant à 200 à l'heure. Je n'ai pas eu d'enfance.

*

Je lui ai écrit : *"Je comprends ce que tu as vécu, ton enfance confisquée. Tu as perdu un paradis. C'était le paradis, tes premières années. Et les autres sont devenus "à se méfier." Je me suis méfié longtemps. Mais je n'ai aucune nostalgie d'un paradis d'avant. Aujourd'hui j'ai confiance en Toi, totalement. Si j'ai tort je le paierai cash mais j'ai en Toi une confiance absolue. En plus de faire la paix avec ton passé, il te faut sortir de la nostalgie. Elle est aussi du passé. Et notre Amour a besoin de présent."*

J'étais déjà *en pause*. Derniers jours de la *pause* officielle avant son *"oublie-moi."*

*

Quelques mois devant un écran ont suffi : myopie. Pour l'ophtalmo la relation de cause à effet est évidente : des yeux programmés pour une myopie vers quarante ans, l'écran a tout accéléré.

Profitant de sa présence un vendredi midi, au traditionnel whisky, utilisant l'humour, j'évoque au directeur informatique (monsieur n'est jamais devant un écran, il a des réunions et des dossiers ; son adjointe aussi a des réunions et des dossiers ; l'écran commence au niveau du chef de projet, Xavier) une pension d'invalidité. Il rétorque sèchement : toutes les jurisprudences sont formelles, la myopie n'est jamais considérée comme une maladie professionnelle.

Maintenant je sais que j'aurais pu lui répondre : l'amiante non plus, mon général !

*

Le *Providence* sombre disco and coe, exit hard rock, même léger, exit pop. Je vais de plus en plus souvent "loin", près de Douai, à Flines-les-Raches. Avec Hervé. L'une de mes déjà anciennes *"mauvaises fréquentations."*

- Je suis dégoûté, c'est vraiment toi qu'elle regarde ! Tu vas pas me dire qu'elle te plaît pas ?

- Qui ?

Je suis vraiment myope !

155

- Si une fille comme ça me regardait comme elle te regarde, j'arrête même de boire !
Et c'est grâce à Hervé que je ne suis pas resté indifférent à Fanny. Elle est allée sur la piste de danse. *The wall*. Pink Floyd. Nous avons brisé le mur…

*

Mes rêveries : je ne veux, vraiment, qu'une seule chose : la tranquillité. Et alors avoir un enfant, être papa dans un petit cœur, vivre une tendre relation papa-maman-bout-de-chou. Un enfant avec Toi, Fanny…

*

Fanny, étudiante en psychologie. À la fac de Lille. Je prends le premier train ou j'y vais en voiture. Elle m'attend à la cafétéria de la gare. Je suis paumé dans Lille !

*

Je n'aurais jamais quitté Fanny. Fanny ne m'aurait jamais quitté. Se dire OUI, faire l'Amour, c'est pour la vie. Nous le savons.
Et nous n'aurions pas été malheureux, juste la sensation de passer à côté de quelque chose d'Essentiel.
Depuis 1983 Fanny médite régulièrement et depuis 1979 je sens mon destin d'écrivain.
Envie de s'aimer dans sa chambre d'étudiante. Ses copines respectent notre intimité, ont toujours quelque chose d'urgent "ailleurs." Quand l'envie devient trop forte de s'aimer, elle prend sa guitare, chante n'importe quoi, même "*Petite Marie*" de Cabrel.

*

Dans un film de Bertrand Blier, *Merci la vie*, je crois, Charlotte Gainsbourg balance "*là où je vais, tu ne peux pas me suivre.*"
J'ai pensé à Christine et Fanny, la première fois que j'ai entendu cette réplique. Pas à Karine ni Betty.

*

Nous sentions nos vies lancées dans des directions inconciliables. Nous sentions qu'il s'agissait d'un simple croisement.
Au carrefour de nos recherches, nous avons parlé et ces dialogues ont eu sur nos vies des effets positifs. Nous nous étions promis de vivre dignement.
(où ai-je égaré ta lettre avec "*je ne croyais pas possible qu'un mec et une fille puissent se parler comme nous le faisons, sans tabou, en toute sincérité... tu me manques... j'ai envie de me serrer contre Toi et que le temps s'arrête...* ")

*

Nous sommes ruinés. La vente des vaches et du matériel permet de rembourser le Crédit Agricole. Il reste la maison, les hangars et huit hectares de terre. Tous ça pour ça !

*

Je les ai invités pour fêter "*mon BTS*." Les trois "copains du village" et les voisins, ceux qui squattent littéralement la maison "depuis", toujours serviables. Ils veulent les terres ! Ce ne sont que quelques hectares mais chez ces gens-là, la terre, c'est sacré.

157

BTS obtenu avec les meilleures notes du lycée. Fierté. Sentiment peu honorable que ce besoin de se mettre ainsi en valeur ? Certes compréhensible après tant d'humiliations. J'existe ! Je ne suis pas "le fils de l'alcoolique suicidé", je suis MOI. Et je n'abdiquerai pas : *j'irai au bout de mes rêves.* Je me doutais bien que ce ne serait pas évident... mais le pire aurait été de ne pas essayer. Essayer même quand les possibilités de passer sont infimes : oser, essayer, si tu sens au fond de Toi que là réside ton Essentiel. Tant pis si ça finit en fiasco, on se remet des fiascos, on y perd moins de temps qu'à idéaliser ce qui aurait pu être si on avait osé.

*

J'achète une 205 XS neuve, noire.

*

Le Grand Amour était un rêve. Forcément je l'ai rencontré. Forcément je croyais qu'il allait transformer ma vie. Presque deux ans en presque bonheur. Une inquiétude, toujours : pourvu qu'elle ne me quitte pas. Une certitude dérangeante et incompréhensible au fond de moi : il faut qu'elle me quitte.
Angélique, ma bouée de sauvetage après l'impossible Amour Fanny. Une forme de prison, aussi. Ma mère ne l'aime pas : "*trop princesse.*" Une fille sur laquelle "tout le monde" se retourne, complexée par cette aura."*Trop belle pour toi"* balance un soir Guy légèrement ivre. Le seul à l'avoir bavé en face. Avec elle, je ne pouvais réaliser l'indispensable travail de régénération. J'étais encore traumatisé. J'étais donc invivable. Nous avons vécu ensemble, 22 rue des trois visages, 62 000 Arras.

Sûrement trop vite. Je voulais "tout et tout de suite." Sa mère et la mienne s'accordaient sur un point : nous devions nous marier car ça ne se faisait pas de vivre ainsi "sans les liens du mariage."

*

- Il ne va même pas sur la tombe de son père…
Angélique me raconte les médisances. Une des voisines, chez sa mère, est la nièce d'un vieux couple sans enfant à Hunier, dont elle espère l'héritage.
Alors je me confie, un peu. Faire l'amour est nettement plus intéressant !

*

22 ans. Rattrapé par le sursis du service militaire. Service militaire obligatoire ! Oh non ! Pas ça ! Xavier connaît très bien un député. Grâce à lui, il se moque complètement des radars. Presque un ami : lui payer un bon repas de temps en temps est suffisant. Pour moi ce serait une petite enveloppe. Pas envie de leurs arrangements de notables. Je vais chez le docteur Lamoril, lui demande s'il n'y aurait pas une solution pour être réformé par le célèbre P4. Il m'indique un psy conciliant… après ce sera à moi de m'arranger avec lui. *"Le suicide de mon père doit pouvoir me servir…"* Il a une moue. J'ignore si elle était de désapprobation pour cette forme de cynisme.
Tout paniqué, je vais donc à Bruay… il m'écoute… et me demande finalement si je me considère vraiment inapte, psychiquement fragile ? J'hésite…
J'ai une sorte d'intuition de sourire en déclarant : je crois

que vous rencontrez des cas nettement plus graves que moi. Mais je veux tout faire pour ne pas perdre un an. J'en ai perdues suffisamment des années…

Silence puis : je vous remercie de votre sincérité, si vous aviez voulu me berner je vous renvoyais chez vous sans rien ! Je suis favorable au service militaire mais quand j'avais votre âge ce n'était pas le cas. Alors, une fois de temps en temps, en passant, je veux bien rendre service.

Il rédige en silence une lettre en me souhaitant bonne chance, m'offre même un cadeau en me déclarant : une case est importante dans leur questionnaire, c'est votre réponse à la question *"avez-vous déjà effectué une tentative de suicide ?"* Toutes les personnes qui répondent OUI sont systématiquement exemptées.

Finalement le passé peut me servir. J'irai à Cambrai pieds nus, en février (avec quand même de vieilles sandales). Une barbe de quinze jours (elle énerve Xavier *"tu coupes ça dès que c'est passé",* Angélique aime bien), un regard de zombi, refusant naturellement de manger et boire (malgré le plateau posé dans les mains).

*

Faire une psychanalyse ?

Si un être humain détient la réponse, ça ne peut pas être un psychanalyste pris au hasard dans les pages jaunes ou alors, si le premier psychanalyste venu a cette clé, c'est qu'elle est, finalement, simple, donc je la découvrirai ailleurs.

Si la solution dort dans un bouquin, je le lirai. Si elle est en moi, j'arriverai à l'extraire.

Un psychanalyste n'est qu'un marchand. Comme un libraire. Il vend un savoir. Je préfère encore passer à la caisse d'une librairie après un simple échange de bonjour.

Les psychanalystes comme les libraires, aucun ne serait intervenu.

*

Gainsbourg meurt. J'achète le numéro spécial de *Libération*. Mais ce ne fut pas pour moi l'événement le plus important de ce mois de mars 1991. Nous ne retournons pas dans les Alpes. Malgré la réservation. Angélique me quitte. Je vivrai quelques semaines grâce à la carte bancaire, au décalage d'un mois entre le paiement et le prélèvement sur le compte.

Livret A vidé. Angélique, étudiante, vivait naturellement sur mon salaire et pour "devenir riche rapidement" je n'avais toujours rien trouvé d'autre que la bourse. Détourner des sommes à Groupama semblant quand même compliqué pour un informaticien de base. Et les braquages risqués ! Les deux impossibles : je ne peux pas prendre le risque de perdre des années en prison ; même pour gagner mon indépendance. Mission impossible, alors ? Tout ce qui était placé en bourse est perdu. Lors de nos précédentes vacances, à Antibes, Saddam Hussein avait envahi le Koweït et mon capital avait déjà bien fondu.

Déjà 23 ans : seul et plus un centime ! L'impression de n'avoir rien fait durant ces trois années. Les économies de ma période 1 disparues. Ma période 2 ayant naturellement débuté avec sa mort. C'est aussi un soulagement de ne plus rien posséder des sommes presque détournées à mon profit par ma mère, durant son grand naufrage. Je repars de zéro. Un travail, un appart et des rêves. Impossible de vouloir vraiment vivre une vraie vie ? Je ne serai qu'un cadre aisé ? Juste un bon exemple de la "promotion sociale"!

*

Enterrement de ma grand-mère. Ma mère me le montre, de loin ; aurait-il pu être une branche à laquelle je me serais rattrapé ? Mais je ne l'ai jamais connu. Histoires de famille. Ma mère l'invite au café après la cérémonie.
- C'est ton parrain… va lui dire bonjour.
- Qu'il aille se faire foutre !

Ma marraine, je devais, chaque année, en janvier, lui envoyer des vœux : "chère marraine blabla blabla." J'étais alors enfant de chœur, elle venait, le dimanche suivant, à la messe, m'attendait sur la place du cimetière, me remettait un billet. Jusqu'à mes douze ans. Elle aussi est là. Qu'elle aille se faire foutre aussi. Trop tard. J'ai ma vie à vivre...

*

Sublimer mon passé en écrivant ? Faire œuvre de ça ? Non. C'est trop difficile. Pourquoi moi ? J'essaye d'écrire. Les paragraphes débutent systématiquement par "il." Angélique adorait mes poèmes.

*

- Pourquoi ne vous coupez-vous pas les cheveux ?
- Pourquoi vous ne laissez pas les vôtres pousser tranquillement ?
- Ma question était sérieuse. Vous avez tort de la prendre à la légère. Je vous rappelle que vous vous êtes engagé à les couper quand nous avons signé votre CDI, Xavier pourrait en témoigner.
- Xavier témoignera de tout ce que vous lui demanderez ! Et même la main sur le cœur !
- C'est la vérité.

162

- Et même ailleurs ! Vous pensez qu'un être humain normalement constitué aurait dû accepter un tel chantage ?

- Je vous ai laissé le choix. Dans quelques années des informaticiens belges viendront travailler pour nettement moins que vous.

- Il viendra peut-être même des directeurs informatiques !

- Nous parlions de votre contrat.

- Il n'est pas écrit dans notre vénérable convention collective qu'un informaticien doive avoir une coupe de militaire.

- Bien. Vous avez la sincérité de me répondre enfin franchement mais je pense que vous reviendrez sur votre entêtement, que vous comprendrez ne rien avoir à y gagner. Nous avons, de part notre salaire, certaines obligations.

- Quel beau dimanche pour la saison.

- Thérèse m'a raconté, vous écrivez parfois de la poésie, à chacun son hobby. J'en conclus donc, votre dernière remarque était hors sujet.

- Pas tant que vous le croyez. Il faut bien trouver la rime à obligations quand on n'a pas le salaire d'un membre du conseil d'administration !

- Malgré votre entêtement, vous pourrez constater que je suis un homme juste. Je sais que c'est grâce à vous si la nouvelle version du contrat automobile est opérationnelle à la date souhaitée. Nous avons marqué des points auprès du centre régional. Et j'avais décidé avant notre entretien de vous augmenter.

- Je préfère être augmenté pour mes compétences que pour avoir enrichi une coiffeuse. Les coiffeuses je les préfère nues, donc sans ciseaux.

Depuis qu'ils avaient vu Angélique, durant les mois où

163

elle me déposait le matin, avant de partir à la fac de lettres, ils me considéraient comme un Don Juan et ce genre de réplique leur plaisait. J'aimais jouer au petit con de bas étage. Jouer est préférable ! Mais à trop jouer on peut le devenir. Je ne devais pas rester là trop longtemps : on prend rapidement le cœur de la fonction.

*

J'accepte la mutation géographique, à Reims. Pour la prime, 60 000 francs. Je magouille au maximum lors de la migration informatique. Sur les notes de frais. Parti à Reims, je reste indispensable à Arras, service confronté à "des difficultés techniques"… je n'hésitais pas à utiliser un aimant pour rendre illisibles les bandes magnétiques. Xavier a beau battre des records de vitesse sur la A21 ! Ce fut parfois juste : en responsable consciencieux il va chercher la bande à la Sicorfé… mais, pauvre Xavier !, ton passage aux toilettes m'a suffi !, quelques secondes pour agir, entrer dans ton bureau et bling, une semaine encore de gagnée ! Aucun état d'âme.

*

- Une vie comme ça, ce serait une vie de merde. Rester à Groupama, c'est accepter de n'être qu'un mort vivant.
- Qu'est-ce que je vais encore voir. Tu crois que j'en ai pas vu assez avec un homme comme ton père.
- Fallait en choisir un autre ! Et si tu voulais travailler à Groupama, tu n'avais qu'à postuler. Tu n'avais qu'à vivre ta vie, tu ne serais peut-être pas aujourd'hui à vouloir m'empêcher de vivre la mienne, à vouloir que je fasse ce que tu n'as pas eu le courage de faire.
- Tu crois que j'ai eu le choix.

164

- On a toujours le choix. Le vrai courage c'est résister.
- Tu ne sais pas ce que c'est d'être une femme.
Dialogue impossible. Éternellement impossible. Je sais aujourd'hui : il y a entre nous bien plus que les trente-neuf ans officiels...

*

Le qu'en-dira-t-on ! Que vont penser, que vont dire... Oser quitter Groupama, c'est comme si je lui avais arraché les cheveux ! Tu me fais honte... Je n'ose plus parler de toi à personne...
J'ai toujours connu ma mère soucieuse des apparences. Euphémisme !
Pour être bien vue ? Comme si elle pouvait s'illusionner sur les "pensées" de ces gens-là ! Mais ça ne se fait pas ! Il faut savoir rester à sa place.
Certitude : il savait qu'elle ne demanderait jamais le divorce. Qu'auraient bavé les gens ! La donne aurait été fondamentalement transformée si elle avait eu la capacité de refuser les premiers actes et propos inacceptables.
Ça se joue à si peu de choses un couple.

*

"J'ai eu le courage de rester... de mon temps au moins on ne divorçait pas..." ou *"il nous aurait retrouvés si on était partis et il aurait bu toute la ferme et vous n'auriez plus rien..."*
Ma mère ne comprend toujours pas qu'il était malade, psychiquement malade, ne comprend toujours pas l'enfance qu'elle m'a imposé par sa soumission au fatalisme.
Je me jure de ne plus en parler... ça ne sert à rien... et pourtant j'y reviens... ou elle... Elle est scandalisée par

ma décision de chercher un licenciement. Comme elle le fut par Angélique. Par Valérie (une autre Valérie). Par Marie. Vivre ensemble sans être mariés ! Et recommencer avec une autre ! Il va y en avoir combien ?... J'ai 25 ans. Je m'étais juré de ne pas rester dans un bureau plus de cinq ans.

"Après tout ce que j'ai fait pour toi." Souvent elle commence ainsi. Même pas une posture : elle en est persuadée. Je devrais passer trente-sept ans et six mois à Groupama car elle a eu le courage de me laisser à la merci d'un taré ! Elle est dans sa logique ! Si je conclus *"cesse ton sophisme"*, ce sera *"tu ne peux pas parler comme tout le monde."* J'écris. J'essaye d'écrire. Je me souviens de cet instant précieux, à onze ans, quand monsieur Merlier s'étonna de mon excellente copie en rédaction ; il m'avait trouvé un style... malgré les nombreuses fautes d'orthographe... ; ma pensée naturellement tue : "c'est normal je serai écrivain." Puis ce mot écrivain incrusté en moi. Raconter ma vie, raconter d'autres vies, proclamer de nombreux *"j'accuse"*, écrire une nouvelle recherche du temps perdu, un nouveau Germinal, un autre livre des illusions... Cette lumière, naturellement je n'en ai jamais parlé avant le début, même insignifiant, de sa réalisation. *"Il est fou. Qu'est-ce que je vais encore voir..."* aurait sûrement gémi ma mère. Encore aujourd'hui : *"c'est pas un métier... tu ne gagnes pas d'argent..."* J'ai quarante ans. Avec mon passif, je considère logique de ne pas encore être vraiment écrivain. Mais je suis sur la voie et en prévision sont déjà en ligne www.romancier.org www.ecrivain.tv www.ecrivain.pro www.romancier.info www.ecrivain.me www.romancier.pro ww.romancier.tv, l'écrivain romancier du web !

*

En voulait-il "à la terre entière" ? De lui avoir gâché la vie ou ne raisonnait-il même pas ?

*

Durant quelques secondes, quand il était trop tard, a-t-il pensé "non" ou "pardon"? A-t-il pensé ? A-t-il revu son passé ? A-t-il voulu d'une autre vie ?...
"Le suicidé part avec ses secrets." Mais il n'y a aucun secret à chercher, rien à essayer de comprendre. Tout cela ne me concerne pas. Il est né, il a vécu, il est mort. Pourtant les cauchemars me suivent... Satané passé !... Mayline, où en es-tu avec les cauchemars ?...

*

Finalement, ce n'était qu'un type stupide : il s'est laissé dériver dans son traumatisme plutôt que de croire en la vie. Quand on est malade, soit on lutte contre la maladie, soit on l'accepte. On n'est jamais sûr de guérir. Se complaire dans son malheur est un droit... et s'il n'avait emmerdé personne, il n'aurait pas été blâmable. Se complaire dans son malheur par manque de volonté d'en sortir. Durant quelques années, l'excuse du traumatisme est recevable mais pas des décennies...
Se complaire dans son petit malheur, avec toujours la belle excuse "à cause de ce que j'ai vécu." Oui, le plus grand des courages, c'est de vouloir le Bonheur, le vouloir éperdument. Et la lucidité de saisir la chance quand elle se présente. Souffrir même pour cette chance. Être patient tout en étant impatient.
J'écris : *"S'il n'y avait eu tes mails puis tes paroles de Bonheur, d'engagement dans le NOUS, je n'aurais*

naturellement jamais plongé avec Toi. Mayline, si tu voulais te complaire dans le malheur, pourquoi tant de projets ?... Tu as craqué... mais il est temps de sortir de ton impasse, retrouver notre soleil..."
Un mail évidemment resté sans réponse. Seul ce récit semblait pouvoir la faire réagir...

*

Comment notre guerre se serait terminée s'il ne s'était pas suicidé ? Je sais l'inutilité d'une telle interrogation. Mais je me la pose. Je veux une réponse. Personne ne serait intervenu, ça c'est certain. Jusqu'à 31 ans je me suis tracassé les méninges ainsi. Aujourd'hui je sortirais peut-être de prison. Ou je ne serais qu'un tas d'os. Ou la maladie l'aurait eu. Ou l'enfer aurait continué ; je serais parti, vivant ailleurs avec toujours en tête la possibilité d'un drame, là-bas. Ou... Ou... Ou...

*

À 25 ans, j'ai choisi ma route. Personne ne m'a encouragé ! Il fallait "être fou" pour quitter un poste de cadre à Groupama. En observant ce que sont devenus "les autres", j'ai la simple satisfaction du chemin accompli ; ils ont avancé dans la ruelle de leurs parents ou/et la société. Une promotion sociale. Je n'ai plus aucun contact avec eux. Long is the road.
Pourtant une lucidité : j'ai raté l'Essentiel durant ma période 2. Je n'ai pas vécu l'Amour, Amour union spirituelle et fusion physique. Oui, à ce beau programme, a répété maintes fois Mayline. Puis son mari a refusé le divorce par consentement mutuel, a cassé les jouets de son fils, ses créations de sculpteur sortie avec mention des Beaux-Arts...

Ou alors, l'Essentiel est la sérénité... cette sérénité permettant le véritable Amour, "la sérénamour", amour serein, il serait quand même dommage de ne pas le vivre...

*

Les conséquences ! Ma mère veut me faire la morale !
"Les conséquences ! Quand on se met à redouter ces conséquences-là, mieux vaut passer un concours pour devenir fonctionnaire, se faire tout petit, raser les murs, prendre un appartement près de son lieu d'inutilité et s'endormir pour quatre décennies avant que la lumière de la retraite soit trop forte et te foudroie pour enfin te délivrer de vivre, pour enfin te permettre d'aller dormir au cimetière."
Elle n'interrompt pas mon lyrisme mais après le dernier mot croit placer la bonne conclusion *"on n'a jamais rien pu te dire, tu n'en as toujours fait qu'à ta caboche."*
Comme si un jour elle s'était souciée d'être un exemple, d'avoir la compétence pour me guider ! Je me réfugie dans les livres, m'abonne au *Monde* et au *Nouvel Observateur*, écoute France-Culture.

*

Avant de vraiment partir "dans le sud", je suis retourné vivre à Hunier. J'avais obtenu "un accord transactionnel", me permettant de toucher les Assedics. Et j'ai continué à fréquenter assidûment le cabinet de la doctoresse qui m'octroyait les congés maladie sans questionner sur le véritable motif, en devant quand même se douter de la destination des antidépresseurs !
Désormais, c'était pour des migraines. Et je les prenais, ses cachets, efficaces quelques heures. Mais le lendemain

169

soir, la tête me bourdonnait de nouveau. Un soir elle explosa. J'étais dans la chambre de mon enfance. Ma mère et ma sœur, en bas, regardaient leur divine télé. Pas la force de crier. M'auraient-elles entendu ? Pas la force de descendre l'escalier. Je vomissais. Vertiges. Vue brouillée. Je me suis traîné dans le couloir, où fort heureusement un téléphone était installé. J'ai appelé le samu. Après difficiles explications, ils m'ont prié de raccrocher et ont rappelé, afin que ma mère ou ma sœur décroche. Elles sont montées. Et plus aucune nouvelle du samu ! Ils avaient délégué !?

- Tu n'as qu'à dormir, ça te passera.

Ma mère, tout en ramenant un bassin pour que je cesse de salir, trouva la bonne solution ! Il était neuf heures, elle n'allait quand même pas déranger un docteur ! Ça ne se fait pas.

J'insistais. Elle descendit finalement pour joindre ma doctoresse préférée. Résumé de ma mère : "*il n'a qu'à prendre un cachet contre les migraines, il se plaint depuis des semaines de migraines, je ne peux rien donner de plus.*" Et toujours sa propre solution : "*Tu n'as qu'à dormir, ça te passera.*" J'étais incapable de boire. Je me sentais mourir. "*Donne-moi le numéro de Lamoril, je vais l'appeler.*" Lamoril, c'est mon docteur d'enfance. À lui, je n'aurais jamais osé demander des certificats de malade imaginaire. Alors, finalement, elle lui a téléphoné. Je sentais qu'elle espérait une réponse identique. Mais il est venu, rapidement. Il a immédiatement ouvert les fenêtres. Je me suis immédiatement senti moins mal.

Le feu "*dans la pièce de grand-mère.*" Moi qui vivais quasi continuellement dans cette chambre, j'avais été la victime idéale du monoxyde de carbone qui, depuis des semaines, me détruisait à doses supportables.

170

Lamoril a appelé les pompiers puis une ambulance. Masque à oxygène. Urgences de Lille. 24 heures sous respiration assistée.

C'est fragile, une vie. Je sais que je la dois aussi au docteur Lamoril. Alors je refuserai toujours de la gâcher. Et ferai tout pour connaître le merveilleux vivable.

*

Quelques semaines plus tard, je suis retourné chez la doctoresse. Je me suis installé posément, l'ai regardée dans les yeux, j'ai sûrement eu un sourire de dégoût et mépris, et j'ai lâché la phrase préparée :
- Si un autre docteur n'était pas venu quand vous avez refusé de vous déplacer, aujourd'hui je serais mort.
Elle s'avoua bouleversée. Une leçon. Toujours croire. Toujours chercher à savoir pourquoi.
Mettre les gens en face des conséquences de leurs actes. C'est encore plus facile de ne pas intervenir quand on sait que jamais personne ne vous mettra le nez dans votre inhumanité.

*

Je fréquentais Anne quand j'ai enfin obtenu un "accord transactionnel." Un lien très fort. La plus belle fille du *relayer*. Mais junkie. Déjà junkie à 19 ans. Et pour sa dose obéissait à un type riche. Sa dose contre la baise. J'ai essayé, et elle aurait voulu s'en sortir. Elle promettait et ajoutait *"il ne faut jamais croire une droguée."* Ma mère aimait bien sa voix, au téléphone. Puis j'ai connu quelqu'un d'autre, sans problème de drogue, sans addiction mais sans lien spirituel, sans cette sensation "si je commence c'est pour la vie." Alors j'en ai parlé avec

Anne, elle m'a conseillé le raisonnable, *"un amour poubelle c'est mieux que rien, tu sais bien que je m'en sortirai jamais."* Elle partait en Irlande avec un autre pourvoyeur. Je lui ai proposé un voyage ensemble, à la montagne, rien qu'à deux, sans dealer dans les parages, sans dose dans son sac. *"Tu le sais bien : on s'est connu trop tard."*

Là j'ai vraiment compris : parfois il est trop tard pour intervenir. Et on peut mourir sans avoir vécu le Grand Amour. Mais c'est Mayline qui doit le comprendre. Ton passé, Mayline, n'est quand même pas une accoutumance au malheur plus difficile à guérir !

*

Avec l'argent de l'accord transactionnel, j'ai acheté une maison dans le sud. *"L'amour poubelle"* m'a suivi. J'avais du mal à me défaire de ce qualificatif. Nous avons eu un enfant. J'ai mis fin au naufrage. Ce n'était pas invivable, surtout en comparant au vécu de Mayline avec ses psychotiques. Mais continuer aurait été trahir l'engagement d'essayer de vivre une vraie vie, pleine et épanouissante. Quitte à être jugé parfois TROP !

*

Je vise peut-être trop haut, avec mon obstination à vivre ainsi, en marge. À viser trop haut dans l'échelle du Bonheur, on reste seul ? Ce ne serait pas dramatique ! Déjà vieux rêve d'harmonie, dans la sérénité partagée. Je tombe souvent mais me redresse en souriant. C'est du bonus tout cela ! C'est beau la vie ! Ne comptez pas sur moi pour croire votre baratin. Je ne serai jamais le gendre idéal des familles à la con. Mais je resterai attentif aux graines de Lumières.

*

De nombreux textes bouddhistes me conviennent. Néanmoins je bloque sur le karma, la "transmigration des âmes." J'ai payé ma dette karmique ?

Et le soir, quand, enfin, je le déniche, ce satané moustique, avant de l'écraser avec un livre, j'ai parfois la pensée, "la réincarnation d'un crétin", et mon bras droit ne tremble pas.

*

Quel sens donner à tout cela ? La vie n'est qu'une suite de faits ? Ou : il suffit de trouver le bon regard pour inscrire l'ensemble dans un destin ?

*

En lisant *Psychologie Magazine* puis Boris Cyrulnik, j'ai enfin eu un mot pour expliquer mon parcours : résilience. J'ai alors cherché qui m'avait permis cette résilience. Fabienne, Christine, Fanny, Angélique s'imposent à mes pensées. Elles ne l'ont pas fait exprès, elles m'ont aimé. Et avant elles, Karine, pour son regard lors de la Confirmation, en 1981.

À Karine, je l'ai expliqué. Elle m'avoua *"ne pas avoir tout compris."* Aux cinq, je pourrais fredonner *"simplement te dire que ton visage et ton sourire, resteront là, près de moi..."* J'ai oublié Betty !

*

J'essayais d'englober ma vie dans un destin. J'ai ainsi commencé à penser régulièrement à Karine comme au fil rouge.

Et je m'étonnais le matin d'être imprégné d'elle ! Je pensais à elle le jour, donc mes rêves la reprenaient, et plus mes rêves la reprenaient, plus j'y pensais la journée,

173

et plus ma solitude tournait autour d'elle. Engrenage ! J'en oubliais même comment cela avait commencé, retenant "chaque matin je me réveille imprégné de Karine."

*

Dès ma découverte des moteurs de recherche sur internet, d'abord Yahoo puis Google, j'ai saisi quelques noms. Fanny, Christine, Angélique, Marjorie (irlandaise croisée à Douai juste avant de partir dans le Lot, sans parvenir à plonger). C'est ainsi qu'en 2002 j'ai retrouvé Fanny. Elle vivait en Espagne *"naturellement je me souviens de toi."* Nos échanges de mails dépassent rarement les dix par an. Nous avons revisité avec détachement et sourires notre non-histoire.

*

En novembre 2003, j'avais lu *Amour, Prozac et autres curiosités* de Lucia Etxebarria. Relu en mars 2004.
Karine soudain me sembla devoir, forcément, naturellement, avoir dérivé dans l'un des personnages de la romancière espagnole. Rosa ou Ana. Rosa la bizness woman et Ana la bobonne. Après de hautes études, épousant un autre ingénieur, "sacrifiant sa carrière" à leurs enfants, à leur intérieur, ou être montée dans le grand ascenseur social pour siéger à un conseil d'administration. Dans les deux cas, une souffrance spirituelle. Plus je pensais à elle, plus je lui octroyais une valeur morale et une orientation artistique censurées. Plus les quelques minutes de la Confirmation me semblaient une évidence : j'avais vu la véritable Karine et le reste n'était qu'obligations scolaires.
Quant à Christina, la narratrice principale, c'était moi ! Comme elle j'ai refusé de rester bureaucrate. Elle refuse

174

avec un but : lire, se cultiver, avoir du temps à elle. J'ai trouvé un autre moyen qu'être serveuse à Madrid ! Évitant ainsi les cures de désintoxication. Christina, même dans la drogue, reste plus lucide que ses sœurs, moins victime qu'elles. Insérée dans un bureau elle part : *"plutôt devenir pute."* Plutôt faire la pute que se décérébrer en rouage d'affaires déshumanisées.

*

Dans ses nuits madrilènes, ma toulousaine princesse espagnole, croisait régulièrement Lucia Etxebarria, *"une copine."* Elle me l'a confié avec une certaine réticence... regrettant aussitôt ses mots, passant à un autre sujet...

"Tu es un grand écrivain" elle m'avait susurré aux premiers instants, quand nous lisions dans nos essences... nos ressentis... mais à ce moment-là, quelque chose s'était déjà brisé, le décalage, ce maudit décalage entre l'essence et l'apparence, la décevait. Je n'étais pas à la hauteur de ce qu'elle attendait de moi... J'écris peut-être aussi pour lui prouver le contraire ?

*

À cause de ce père indigne, je suis passé à côté de Karine durant 27 ans. Mais 108 trimestres après la sixième du collège du Bellimont à Pernes en Artois, dans le Pas-de-Calais, nous nous retrouvons et vivons des décennies d'Amour près de Cahors, dans le Lot. Je l'ai cru possible. Ce serait une belle histoire. Je l'ai vécu en rêveries. J'ai naturellement cherché Karine sur le web.

*

Je l'ai donc trouvée. Le bonheur dont je rêvassais dans ma solitude quercynoise, était un bonheur auquel elle n'osait même plus songer.

*

Je n'ai pas eu d'enfance. C'est presque une chance ! La nostalgie les ronge. Ils s'inscrivent sur *"copains d'avant"* pour renouer des contacts, partager la même sale nostalgie. Ils pensaient la vie si simple qu'ils se sont laissés porter par le vent. Karine se délecte dans la narration de sa nostalgie, nostalgie de sa balançoire. Comme c'était bien, la balançoire, pour évacuer l'obligation d'obtenir de bonnes notes… comme ce serait bien si une balançoire suffisait pour sortir du marasme moral d'un quotidien vide…
Pas étonnant qu'une des radios les plus écoutées en France porte ce nom de *nostalgie* et serve à longueur de journée du sirupeux, du gnangnan… mes collègues sacem les moins appréciés !…
La nostalgie, cette souffrance de ne pas pouvoir revivre du passé idéalisé.

*

Provocateur. Oui, parfaitement ! Je ne suis pas dupe de vous : vous ne seriez pas intervenus. Je ne serai jamais à genoux devant vous. Je ne serai jamais de votre clan. J'aime pas les clans. Je suis un solitaire. Je crois en l'Amour. Je ne vous dois rien. Je peux vivre de peu et je vous emmerde.

*

Karine a repris rendez-vous chez sa voyante, la voyante conseillée par sa psychologue quelques années plus tôt, voyante lui ayant alors pronostiqué la sortie du déjà vieux marasme, la rencontre d'un homme bien, leur grand bonheur, la naissance d'enfants...

Sa voyante est une parfaite lectrice de pensées : elle lui avait servi en destin son désir le plus profond. Et comme à force de désirer vraiment les choses on se met en situation de les vivre, la voyance peut s'enorgueillir de belles "prédictions."

Karine a des réticences à croire que c'est vraiment moi ! Son cœur le lui affirme et pourtant une force la retient. Comment a-t-elle pu m'ignorer si longtemps ? Comment est-ce possible ! La voyante lit parfaitement : une grande maison dans le sud, un CD qu'elle va même jusqu'à déclarer succès imminent (je n'ai aucun doute : Karine souhaitait le triomphe de l'album *Savoirs ;* j'espère ne pas connaître de bide encore plus retentissant !), un enfant très très rapidement...

Au téléphone Karine s'excuse d'avoir eu besoin de cette... confirmation, *"mais c'est la dernière fois, promis."* Elle transforme tellement sa vie : une avocate gère la récupération de sa part dans la copropriété, elle déniche un appartement *"super classe",* déménage durant les deux jours d'absence de son commercial...

J'ai côtoyé durant quelques années une voyante. De manière totalement amicale. Sans jamais lui demander la moindre indication. Elle respectait mon approche. Nous parlions parfois des flashs et de la captation des désirs les plus profonds des personnes en consultation. Je ne suis donc pas dupe des réponses de la voyante de Karine. Mais ça me convient. Oui, je suis partant pour cette grande

177

aventure. Je n'ai donc pas le cynisme de lui balancer : "la seule chose dont tu puisses être certaine c'est que tu as donné cent euros et qu'elle a lu en toi, le reste dépend uniquement de nous."

*

J'ai voulu donner un sens à cette enfance. J'aurais voulu que cet enfer m'ait rendu sensible au point de parvenir à saisir, à 12 ans, la présence, dans la classe voisine, de "mon âme sœur", une personne avec laquelle un lien sensoriel existait, d'âme à âme, d'essence à essence.
En 2007 Karine survivait dans le marasme des désillusions, rassurée par une forme de compromis sentimental avec son commercial. Je suis arrivé au bon moment. Elle espérait rencontrer un être *sensible à son essence"*, avec lequel un lien sensoriel existerait. Nous l'avons voulu. Ce lien a donc existé ! *"C'est merveilleux, je te ressens en moi..."* (Karine)

*

J'y ai cru. Malgré la réalité, le passage de Karine petite adolescente immergée dans ses livres à la quasi quadra plongée dans les exigences de la réussite professionnelle à Paris, donc insensible au réel, quoique parfois réveillée par ses vieux rêves. Quand t'es-tu vraiment confrontée au monde, Karine ? Tu t'es confrontée à des crétins mais le monde, la douleur ? Tu as voyagé bien plus que moi. Mais des voyages de touriste.

*

Aucun sens caché. Aucune faute. J'ai eu une enfance difficile. Le plus difficile, ensuite, fut donc d'en sortir vraiment, d'accepter que tout simplement : ils ne sont pas intervenus et la vie doit continuer, il doit bien exister une femme sur terre avec qui vivre en harmonie.

Trouver le Bonheur en soi et un peu plus avec Toi... J'avais pondu cet aphorisme en 2003, pensant avoir compris l'essentiel ; j'avais même édité une carte postale pour le promouvoir ; depuis Mayline je sais m'être trompé : on trouve la sérénité en soi et le Bonheur arrive dans le partage, l'implication totale dans le Nous. La sérénité est douce quand elle se vit sans la douleur d'un Amour décrété impossible par l'autre. Malgré des sentiments d'Amour aussi purs.

*

Karine m'écrit *"racines"*, pour *"notre Pas-de-Calais."* Elle y retourne régulièrement, chez son frère cadet. Elle ne voit plus ses parents, coupables du terme *"pute"* lors de sa dérive.

Je n'ai pas d'endroit à revoir, Karine, je suis bien ici, ici et maintenant. Je suis d'ici et maintenant. Dans le présent. Je n'ai pas tout compris au passé et je peux vivre sans penser aux zones d'ombres. Je n'ai sûrement pas tout compris à l'amour mais je veux essayer, essayer de le vivre vraiment...

Elle n'a pas saisi l'importance de mes répliques sur la nostalgie et l'ici et maintenant.

*

Sa vie n'est que routine depuis 20 ans, avec des

compensations, un intérieur impeccable, des vacances, une fille aux désirs comblés immédiatement par la carte bancaire de maman.

*

Il avait 44 ans quand Jacques Brel est mort. J'en aurai 40. Comme lui je reste englué dans le passé ? J'ai perdu suffisamment d'années : je n'ai plus le droit de laisser des illusions m'entraîner dans un cercle vicieux. Et les rêves me sont précieux :
Je laisse le passé diriger ma vie : je le comprends au réveil : j'étais à l'arrière de ma Mazda 3, conduite par Vincent, avec son frère à sa droite. Ils riaient, j'angoissais. Peur de l'accident mais aussi d'un radar. Vincent dépassait le 100 et accélérait encore, tout en ricanant de mon inquiétude. Je suis à l'arrière et toujours conduit par le passé. Je lui demande de ralentir en posant doucement ma main droite sur son appui-tête : ils ricanent de plus belle. Je frappe de la même main, d'un coup sec sur son siège, et prononce d'une voix métallique, sans appel : "*bon maintenant tu ralentis, tu t'arrêtes et je prends le volant.*" Il s'est figé, a ralenti. Je me suis réveillé.
Malgré ma nouvelle voiture je suis conduit par le passé. Je n'ai changé qu'en apparences. Je dois vraiment trouver en moi la force d'une vive réaction.
C'est à moi de réagir. Ne plus laisser ce passé m'emmener à la dérive. Certes mes chansons, certes mon recul par rapport à tout cela. Mais Karine, c'est du passé ! Karine du passé ?

*

Le passé n'est pas changé mais j'ai changé mon regard sur lui et il n'est plus que du passé, un simple sujet de réflexions.

Je ne saurai jamais vraiment comment ce drame a débuté. Questionner serait inutile, encore pire qu'imaginer. Il est mort depuis vingt ans, ma mère l'a connu alors qu'elle avait trente ans... finalement, même s'il s'agissait d'années qui auraient pu être douces, tendres, insouciantes, constructrices, joyeuses, de trente à cinquante-neuf ans, il n'aura été présent dans sa vie que vingt-neuf ans, pour l'instant encore un peu plus d'un tiers. Et leur histoire n'est pas la mienne.

*

Karine a cru qu'elle m'aimait déjà au collège, sans pouvoir le comprendre, sans depuis se l'être avoué. Elle se souvenait de tellement de choses de moi ! Et rien des autres ! Elle en concluait "*nous sommes l'un pour l'autre le premier et le dernier Amour...*" Je laissais passer un blanc, elle le croyait d'approbation. Pas envie de lui confier : *dès la sixième je t'ai regardée mais dans ma classe il y avait Martine qui me faisait nettement plus d'effet que toi. Je pensais à toi quand je te voyais, comme à un inatteignable but scolaire, je pensais à elle dans la classe, ses magnifiques cheveux longs frisés me subjuguaient. Mais la première à qui j'ai pensé vraiment, presque nuit et jour, je la voyais uniquement le mercredi, au catéchisme. Je n'ai jamais su où elle allait à l'école. Elle avait un ou deux ans de plus que moi. Et à cet âge c'est... énorme... malheureusement... Michèle était tellement draguée par "les grands"...*

181

Nous réécrivons si souvent notre passé… alors oui, Karine… mythifions-nous !

*

De la gare d'Agen je l'appelle, envie de lui susurrer : "*je suis là, presque sur le quai, je t'attends…*" Mais la première cabine ne fonctionne pas : je l'entends mais pas elle. Sa voix ne me choque même pas, comme s'il était logique que ça arrive "*je n'entends rien, hrra, je n'entends rien.*" Genre grande dame exaspérée par un interlocuteur inopportun. Elle sait pourtant que c'est moi, j'en suis persuadé. Elle me le confirma quelques heures plus tard, le numéro d'appel débutant par 05.
Je change de cabine. Sa voix est moins froide. Elle s'est reprise, s'exprime "un peu tendrement." Elle arrive après une journée de cadre parisienne. Je sais la fatigue et la pression subie depuis des semaines. Mais je sens autre chose. Mauvais pressentiment.

*

Elle est descendue du train. Je ne l'aurais pas reconnue si je ne l'avais pas attendue au bon emplacement. Malgré la photo. Comme elle était belle sur la photo avec sa fille. J'aurais hésité si une autre blonde s'était approchée. Son visage m'apparut "bouffi." Médicaments pour tenir ! Elle m'a dévisagé de haut. J'ai senti son regard hautain : elle retrouvait sa supériorité du collège. Il ne m'a pas blessé ; il était risible. Je n'étais plus l'auteur de chansons, le créateur de sites internet, j'étais redevenu Jean-Luc, collégien sans intérêt, fils d'agriculteur. J'ai lutté contre cette sensation mais j'étais abattu : elle n'avait pas vraiment changé. Je ne lui en imposais pas. Je n'avais pas

182

voulu "lui en imposer", mettre mon masque show-biz. J'avais cru en son Amour mais son amour ne résistait pas à la réalité : elle revoyait un inférieur, ce qu'elle voyait en 1983, elle revoyait l'enfant apeuré. La tristesse m'assaillit et cet état pouvait lui renvoyer ma vieille condition. On s'est embrassés sur la bouche. Serrés avec réticence.

J'aurais pu quelques jours l'épater... mais pas une vie. Nous avions rêvé. Tellement sincèrement que je captais ses pensées à 600 kilomètres. Elle voulait que nous ayons deux enfants, elle voulait le mariage...

Malgré les apparences, nos échecs se ressemblaient. Nous avons le même âge. Nous sommes, malgré tout, d'une même génération. Et à quarante ans nous avons raté l'Essentiel. Nous pouvons nous consoler "par rapport aux autres", par rapport au naufrage encore plus flagrant de tant d'autres. Mais s'il existe une possibilité, un radeau, nous ferons tout, ou presque tout, pour y croire.

*

Sur le quai de la gare, ce fut évident. Mais je ne veux pas l'admettre. Je ne peux pas simplement la baiser ni simuler l'amour. J'ai des réticences à lui présenter "ma vallée"... surtout la maison encore à rénover ! Je sais qu'elle sera choquée... J'aurais pu le deviner avant ?... Comme peux-tu vivre dans un tel taudis ?... Cinq jours ça doit durer. Fiasco. Tout s'effondre. Je sens qu'en elle aussi tout s'effondre. Nos mots deviennent dérisoires. Les mêmes mots n'ont plus la même signification. J'observe son choc à l'entrée... Elle me dit qu'elle ne pourra pas vivre ici, sa fille encore moins... elle est enthousiaste quand je lui réponds : nous pouvons vendre. Cette réponse dépasse nettement ma pensée ! Mais je sentais que c'était la seule possible. Nous imaginons "notre maison." Notre couple a de grands moyens, surtout pour une maison de maçons dans le sud-ouest. J'ai bénéficié de la hausse de l'immobilier et de l'intérêt des anglais hollandais pour nos vieilles pierres blanches. Elle a bénéficié d'un boom aussi spectaculaire en banlieue cossue parisienne. Elle notera même le nombre de pièces nécessaires, les mètres carrés. À Montauban nous observerons attentivement les vitrines des agences immobilières. Mais elle soulève une autre contrariété… Finalement elle aussi veut y croire. En éteignant nous faisons l'amour.

Nous reprenons notre thème préféré du téléphone : bébé ; et mariage suit.

Elle a une belle réponse : "*Mon essence le veut mais je ne peux pas te répondre oui ce soir.*"

*

Le matin, elle exhale une joie inattendue ! Son vagin s'inonde quand je l'effleure. Nous faisons l'amour. Elle insiste pour que je prenne une douche en premier. Je reviens, l'embrasse, elle va dans la salle de bains et me susurre d'ouvrir le livre qu'elle m'a offert : elle m'y a écrit "quelque chose."

*

Sur *la prophétie des Andes*, de James Redfield (son livre préféré) :
À Jean-Luc,
mon âme sœur,
à qui je dis oui,
oui je veux être ta femme,

oui je veux t'épouser,
oui je veux un bébé,
oui nous l'appellerons Manon ou Christopher * PETIT,
oui je veux vivre avec Toi,
oui nous allons choisir notre maison.
Enfin OUI au bonheur à deux !
Ton âme sœur Karine.
Oui à Tout !

*

Je retourne dans la salle de bains. Je lui susurre *"tu veux bien m'épouser ?" - "Oui."* Son sourire, son regard avaient répondu avant que je pose la question, l'appelaient presque pour son plaisir de prononcer cette syllabe. Nous nous embrassons. Elle pose la main droite sur mon sexe pour constater mon érection. Elle sait que j'ai vraiment envie d'elle. Pour la première fois, nous faisons l'Amour, l'Amour en pleine lumière. Comme nous en avions parlé avant, durant la phase "l'amour au téléphone."
J'aimais bien l'entendre jouir au téléphone. Elle n'avait jamais connu cela. Pour ne pas lui mentir, je répondais *"comme ça non."* Tout était dans le *"comme ça."* Pas envie de lui infliger la vérité sur cette quasi traditionnelle pratique d'amoureux séparés par des kilomètres.

*

Elle n'est pas douce. Douce Karine est une création de nos mails, nos conversations téléphoniques.
"La première fois que j'ai embrassé, j'avais 20 ans, et c'était mon futur mari." Un futur ingénieur, froid, binaire, qu'elle a cru pouvoir changer mais il l'a changée. Ou finalement : ils se convenaient.

Elle m'explique : la seule douceur qu'elle en recevait, c'était avant l'acte sexuel et elle a rapidement compris qu'il pensait ce préliminaire nécessaire à sa partenaire, lui donnait comme s'il satisfaisait la lubie d'un enfant capricieux. Seul comptait pour lui l'acte. Ils ont eu un enfant. Elle a refusé "le deuxième." Elle ne le supportait plus. Alors elle a pris un amant. Le premier croisé : un voisin dépressif. Elle a cru avoir enfin rencontré l'Amour. Il la baisait dans un garage à l'arrière de sa voiture de fonction. Elle avait 32 ans. Il voulait une amante, elle voulait sauver sa vie. Elle a divorcé, est devenue son officielle. Mais il est retourné avec sa femme. Durant un an, elle l'a aimé *"en silence",* en multipliant *"les conneries." "J'ai rattrapé les conneries que je n'avais pas faites durant ma jeunesse."* Mais pour les mecs, c'était au cul le premier soir. Pauvre Karine, tu n'as rien rattrapé, tu t'es juste encore un peu plus enfoncée. Ce que j'ai connu à 18 ans avec Fabienne, sur la place d'Auchel, dans le chemin boisé de Burel, cette découverte de la douceur amoureuse, c'est ce qu'il te manque encore. L'amour de Fabienne a peut-être plus accéléré ma résilience que ton regard à la Confirmation. Les deux furent essentiels. Aucun de ces types de banlieue pour lesquels tu n'étais qu'un objet de plaisir ne pouvait t'apporter ce que tu attendais. Finalement son commercial dépressif est revenu. Ils ont acheté un appartement. Copropriété pour couple désillusionné. *"On vit comme ça par habitude, et surtout parce que c'est pratique de palier la solitude en buvant à la même barrique."* (Hubert-Félix Thiéfaine)
Encore en 2007, elle ne comprenait toujours pas *"comment un homme aussi romantique"* pouvait parfois n'être qu'un animal en rut, la voulant *"pour se vider les couilles."* Elle me répète l'expression à laquelle elle a dû

186

s'habituer. *"Parfois je refusais, je suis sûre qu'il allait se masturber devant la télé."* Il est sacré, son commercial : *"J'ai vécu une passion avec Séb."* Pauvre Karine. Comment une fille intelligente et perspicace peut devenir une femme aussi conne ! Et c'est avec une telle Karine que j'ai essayé de donner un sens à mon Histoire, à ma vie ! Assez significatif sur l'état de mes "relations humaines"!... Comme des personnages sortis de chez Houellebecq. Qu'elle n'a jamais lu, dont elle n'avait même jamais entendu parler (comme Paul Auster, Philip Roth et Lucia Etxebarria).

Son panthéon littéraire, elle me l'avait noté dès nos premiers mails : Dan Brown (*Déception Point, Da Vinci Code, Anges et Démons*) et Marc Lévy (tous ses bouquins).

Elle a lu *Amour, prozac et autres curiosités*, dans le métro et les scènes disons hard l'ont choquée. Elle cachait la couverture, redoutant l'éventuel regard de passagers qui connaîtraient ce roman.

Une femme qui vous barbe avec son passé, ses enthousiasmes et ses bassesses, incapable de vivre le présent. L'instant le plus risible, caricatural, fut quand elle prit mon sexe dans sa bouche : à cette douceur elle crut indispensable d'ajouter la main droite pour l'agiter frénétiquement, cet objet dénué d'âme. Comme si elle cherchait à vider le plus vite possible un commercial. Douce Karine n'existait vraiment pas. Jamais une femme ne s'était comportée ainsi. *"Doucement."* Pas une seule fois, elle n'a ressenti la possibilité d'une main douce, de me caresser. Quand elle s'arrêtait enfin d'agiter, c'était pour la maintenir serrée sur l'objet, se prémunir contre l'éjaculation qu'elle ne voulait absolument pas dans la bouche. *"Je n'aime pas, c'est mon droit."* Elle avait donc fixé des limites à ses mâles en rut. Leur agiter frénétiquement la queue mais ils ne se videraient pas dans sa bouche. Ce n'était qu'un détail pour eux : ils voulaient se vider. Leur sperme dans sa bouche aurait été une humiliation supplémentaire. À 40 ans, elle n'a donc jamais fait l'Amour, l'Amour total don de soi. Même aux premières heures, quand nous avons joui ensemble. À cet instant-là, nous en prenions la voie. Je nous ai crus sauvés. J'ai cru avoir balayé son conditionnement. J'ai cru qu'elle avait franchi le grand canyon. En Karine, la magie de la vie s'est activée. Nous savions. Elle venait sans contraception (*"je n'ai jamais pris la pilule"*) et depuis la décision de la date de ce grand voyage, son corps avait réussi à décaler ses règles (les devancer de dix jours) afin de réaliser une ovulation exactement durant sa présence dans le Quercy. Oh oui, elle voulait un bébé ! Ses hommes, son mari puis son Séb, avaient appris l'exigence d'éjaculer en dehors d'elle. Comme cette sexualité éclaire sa vie !

*

Là-bas je reste le fils de l'alcoolique. Seul un énorme succès pourrait les époustoufler. Le reste, vivre dignement, tranquillement, de la chanson et d'internet, c'est *"traîner la misère."* Ça doit encore être leur expression.

*

Pour lui, elle n'est qu'une *"belle femme un peu chiante, capricieuse, une emmerdeuse."* Mais il y tient. Il aime sa gueule et son cul. Elle est présentable, ses collègues l'envient, d'une officielle comme ça. Avoir un enfant avec serait classe. Comme ses parents seraient fiers de lui. Il sait comment la reconquérir. Il l'a déjà réussi une fois. Il connaît ses faiblesses. Il ira l'attendre quand elle récupérera sa fille, rejouera son grand numéro de séducteur, avec retour du collier aux perles qu'elle aime tant, romantisme, gnangnan, restaurant, blabla. Il la connaît, c'est sa plus grande fierté. C'est une femme comme ça qu'il lui fallait. La grosse voiture et la blonde à côté. Le bonheur de l'homme moderne ! Bien sûr, elle refuse qu'il éjacule dans sa bouche, qu'il la sodomise. Mais pour ça, il a deux jours par semaine. Même s'il doit payer pour. Mais l'argent n'est pas un problème ha ha ha ! Quelle belle vie !

Quelques jours de silence et un sms *"tu me manques."* Et elle a cru merveilleux de recevoir ce sms quand elle présentait à son écrivain les photos de leur voyage en Égypte. Son gnome, ce terme me vient quand je l'aperçois, ce personnage sorti jusqu'à la caricature d'un roman de Houellebecq, bedonnant, vide, crade dans sa tête. Quel beau couple ils ont fait ! J'observe Karine. Et la pensée s'impose : quel beau couple ils feront !...

Michel Houellebecq s'est acheté une grosse berline avant d'écrire *"la tentation d'une île",* pour voir ce que peuvent ressentir ces gens-là. La grosse voiture, le foot à la télé, la queue, le tourisme, toute leur vie. Et ces naufragés font rêver des paumés encore en dessous (leur seule vraie différence : le compte en banque). Comme je voudrais la grosse voiture et la blonde à côté ! Alors, quand ils tiennent leur réussite, ils sont fiers comme s'ils observaient leur clone dans l'armoire, là pour réparer les dysfonctionnements.

À ce moment-là, elle a déjà oublié que j'ai écrit *"petite*

main" et "*la douleur s'évapore.*" Elle s'avoue : finalement, son Sébastien, c'est mieux que rien. J'ai l'impression de suivre ses pensées. Elle a des douleurs au ventre. Il ne se passe plus rien, sexuellement. Elle doit reprendre le TGV à 6h59, à Bordeaux, pour récupérer sa fille à 13 heures.

*

Si un attentat l'avait déchiquetée dans son TGV, j'aurais eu la certitude de perdre la femme de ma vie ! Heureusement les terroristes l'ont épargnée ! Et elle a bavé un ADIEU deux jours plus tard. Avec la voix de la femme désespérée, dans un brouillard de douleurs depuis 48 heures.

*

J'ai voulu sauver Karine. Intervenir. Je sais : on ne fait pas le bonheur des gens malgré eux. Pourtant je veux croire qu'en son essence, Karine est douce, intègre, intelligente, joyeuse, respectable, en quête d'harmonie. C'est la vie, les mâles indignes, qui l'ont ainsi délabrée. Mais il arrive un moment où "les autres" ne sont plus une excuse. C'est à chacun d'assumer. J'aurais pu être le déclic. J'aurais dû être celui qui lui redonnait confiance en l'humanité.
Elle répondait à mes mails comme un grand patron jette une pièce par pitié au clochard assis à côté du feu rouge… le soir de Noël…
Elle n'a même pas capté que c'était pour elle, ce que j'écrivais. Effet d'une consommation effrénée de petites pilules légales ? Et je cherchais une chute à ce récit. Dès

nos premiers mails, elle avait accepté *"la règle du jeu"*: elle était un personnage crucial du texte que je ne parvenais pas à terminer. Ce rôle de *"muse"* l'avait enchantée.

*

Et j'ai reçu des appels téléphoniques. Des menaces de mort. Naturellement, quand Karine m'appelait, je décrochais, ressentant par notre lien que c'était elle, sinon le répondeur prenait les messages, le plus souvent des propositions commerciales sûrement inévitables avec ma présence voyante sur internet et l'obligation de laisser un tel contact dans les bases de données.

Il m'a injurié, menacé, jusqu'à saturation du répondeur *France Télécom*. Il me savait derrière l'appareil : mon message d'accueil est différent quand je suis absent ou en ligne. Et j'étais en ligne quand j'écoutais ses premières invectives ou téléphonais à la gendarmerie pour les en informer.

Je ne devais plus avoir aucun contact avec Karine et devais décrocher *"ce putain de téléphone avant 16h30."* Je n'avais aucun doute : c'était son Séb. *"Petit merdeux... sans couille..."* Ses expressions correspondaient au portrait dressé par sa concubine. Pourquoi lui avoir communiqué mes coordonnées ? Il téléphonait en masquant son numéro d'appel... mais elle savait, de part son travail, que même masqué il n'est jamais anonyme, serait retrouvé par le procureur de la République en cas de plainte. Nous en avions même parlé, car elle redoutait sa violence (un couple où la femme avait déposé des "mains courantes" pour menaces et coups...) et savait qu'en le laissant la menacer, l'insulter sur son répondeur, la justice interviendrait.

Mon cerveau restait lucide : elle lui a donc refilé afin que je porte plainte ? Par mail je lui demandais une explication. Elle n'a pas répondu. Redoutait-elle une mise sous séquestre de nos échanges ? Il a donc réussi à la piéger et elle n'a pas trouvé d'autre solution pour s'en sortir ?

La procédure judiciaire fut donc lancée. Elle ne me concerne pas ! La justice est longue dans ce pays ! J'ai fait pour elle ce que je pouvais.

Je ne saurai sûrement jamais ce qu'elle a voulu.

*

26 février 2008. Je repense à Karine ! Ce soir, c'est la date limite, Karine : si tu me téléphones, je vais replonger ! Sinon, vraiment, il n'y aura aucun sens : ils ne sont pas intervenus et tu n'as été qu'une rencontre permise par les nouvelles technologies, une ombre, et mon cinéma est fini. Mon cinéma est enfin fini : je vais pouvoir terminer ce récit sans… coup de théâtre…

*

Je me suis tranquillement endormi vers 23h30 et le téléphone ne m'a pas réveillé. Ouf !

*

La guerre est vraiment finie ! Ma guerre. Je peux narrer mon enfance, sourire en repensant à des passages même pénibles, donc ma guerre est bien finie.

Il a fini la sienne autour d'une corde, je finis la mienne en la considérant comme un objet à disséquer. J'ai vécu cela.

Hé alors ! Je regrette qu'elle ait été aussi longue !

Même sa présence dans des rêves est comprise : il

192

personnifie le danger, le mal. Pour décoder le rêve il suffit d'identifier la personne dangereuse au quotidien. Tout simplement. Une image codée classique.

Comme la voiture représente ma vie : tant de rêves, durant des années, où au volant de la 205 je n'arrive plus à la maîtriser, ou elle ne veut plus démarrer, ou elle a été volée, saccagée.

*

Si je l'avais tué, la société m'aurait condamné. La justice aussi. J'aurais été incapable de me défendre, j'aurais balbutié devant un juge au cerveau paralysé par son code de procédure. Mon acte aurait été qualifié de monstrueux, ignoble, sûrement satanique.

Mes cheveux longs auraient plaidé contre moi.

Ses frères, les voisins, tous auraient témoigné que j'avais un père idéal.

Ma mère aurait-elle osé raconter sa vie ? On ne lave pas son linge sale en public.

*

"Le paradis perdu de l'enfance." Un sourire, désormais, devant cette récurrente nostalgie : nous ne sommes pas du même monde. Mayline aussi s'est inscrite sur le site de retrouvailles des "copains"…

C'est finalement peut-être pas pire d'avoir vécu en sursis l'enfance que d'en être nostalgique. L'idéal serait sûrement de vivre pleinement l'enfance puis l'âge adulte… Ah ! l'idéal…

*

193

Karine n'existe plus. Elle m'a encore écrit *"mon âme sœur"* après m'avoir balancé *"adieu"* mais j'en ai souri. Tant de gens passent à côté de leur vie. Elle s'est mise en situation de ne pas avoir le temps de vraiment réfléchir aux conséquences de ses actes. Banlieue, métro, informatique. Elle est désormais une proie idéale pour les sectes : persuadée de ne pas pouvoir vivre notre amour dans cette vie mais si nous sommes faits l'un pour l'autre, ce sera dans une prochaine... Elle utilise même des préceptes sortis du Bouddhisme, sans avoir assimilé l'*ici et maintenant*, l'absence d'*ego*...

Je garde au fond de moi le trésor sacré du lien qui nous a unis quelques mois. Je sais que c'est possible. Je l'avais pressenti avec Lisa et Nathalie. Ce qu'elle a fait de sa vie est une tragédie. Elle était ma dernière illusion. Depuis je ressens régulièrement les bonnes ondes... et les mauvaises de Mayline...

*

Si j'en avais écouté une seule, un seul, de ces gens raisonnables prompts à prétendre *tu dois faire ça*, parce que eux savaient !, oui ils connaissent le bon chemin !, je serais mort aujourd'hui.

Comment peut-on prétendre *"tu dois faire ça"* sans même l'humilité de l'échec de sa propre vie ?

J'aurais dû me limiter au BEP de cuisinier, j'aurais dû reprendre la ferme, j'aurais dû rester à Groupama, j'aurais dû partir à Paris, j'aurais dû, j'aurais dû...

Oui, et j'en serais mort. Sûrement même dans un cercueil, le cœur et les artères n'auraient pas résisté à un tel fossé entre ma vérité profonde et la réalité imposée. Ou alors je tiendrais : la médecine abonde de remèdes au mal de vivre. Un peu comme Karine dont la glande thyroïde a

194

lâché. Mais elle a balayé cette première immense alerte avec le fatalisme de la parisienne coquette.

*

Comment font-ils pour accepter leur échec ? Des petits malheurs providentiels leur permettent de ne pas penser à l'essentiel. La maladie, les contrariétés, les obligations professionnelles, familiales… Ah comme, finalement, elle y tient, à son métro ! Comme elle y tient à son commercial. Elle le sait : elle souffrira encore bien des nuits, à l'imaginer se vider dans une autre. Elle le sait : elle serrera encore sa fille dans ses bras en lui murmurant *"il n'y a que toi qui comptes."* Elle le sait : elles partiront encore se réfugier chez *"une amie",* même pas une vraie amie, tellement la confrontation aura dégénéré. Pas tout de suite, car il le sait : pour la garder il doit *"satisfaire ses caprices",* la persuader que oui, il a changé le monsieur. Elle sait : si elle se laisse engrosser par ce gnome, il sera naturellement incapable de lui permettre de vivre neuf mois de bonheur, cette félicité dont elle avait rêvé à haute voix au téléphone en me proclamant l'Homme de sa vie. Mais maintenant, elle n'y croit plus en sa voyante ! *"Une arnaque."* Triste Karine : tu ne crois plus en ta vérité profonde, ta soif d'harmonie ; alors plutôt que rien, ce sera ce Sébastien ; puis il y aura la vieillesse, la terrible vieillesse à côté de cet individu…
Cette femme-là, cette femme fataliste, cette femme vaincue, convaincue, brisée, piégée, détruite, saccagée, déchiquetée, elle ne peut pas m'Aimer, je ne peux pas l'Aimer. Il l'a emmenée là où il voulait, dans son marasme moral. Comment accepte-t-il son marasme moral ? Il ne le voit peut-être vraiment pas (comme elle le pensait).

195

Et moi, j'écris. Parce que je suis vivant, et je refuserai toujours l'autre camp. Je la vivrai debout cette vie, debout. Je te l'ai promis, grand Jacques. J'écris, parfois j'en pleure, parfois j'en ris. Sensibilité et dérision.

*

À partir de quel moment, de quel signal, doit-on intervenir ? Je n'ai pas de réponse. Ni avec mon vécu ni avec ce que j'ai vu, entendu, lu.
Mais il arrive un moment où ne pas intervenir est une faute. Ça je voudrais au moins que tout le monde le sache.

*

J'en ai souffert de notre échec. Forcément. Je ne suis naturellement plus tout à fait le même depuis, forcément : ce qui est écrit est assumé, dépassé ; j'ai vécu la douleur sans me protéger de psychotropes ni illusions, elle n'a pas eu le temps de s'infiltrer en moi ; tant de gens meurent en essayant d'oublier un drame ou leur trahison, blessure assez sournoise pour réapparaître en maladie létale.
Notre échec... finalement... lequel ? Karine ? Mayline ? Angélique ? Fanny ? Séverine ? La princesse espagnole ?...

*

J'ai voulu un sens au passé, un happy end. Un formidable pied de nez ? Mais à qui, ce pied de nez ? À des gens qui m'indiffèrent ? Non, pas un pied de nez, du sens. Donner du sens au passé. C'était une erreur.

*

Même si je peux me scandaliser des causes, maudire le laisser faire, leur non-intervention, en pensant ce passé je me suis en partie protégé des serpents contemporains. Je n'ai pourtant pas l'orgueil de recouvrir l'échec avec mes petites réussites. La sérénité, une certaine sérénité, acquise par la lecture des stoïciens et bouddhistes, leur résonance en moi, me permet de disséquer cet échec sans m'y complaire. Mais sans la certitude de pouvoir y remédier. C'est sûrement une forme de sagesse. Dois-je m'y résoudre ?

*

J'ai essayé d'intervenir. Anne, Karine, Mayline, je n'ai sauvé personne. Comme si elles dévalaient d'une montagne, voyaient l'abri bonheur, me souriaient mais fonçaient inexorablement tout droit, avec juste quelques écarts. Ma mère, peut-être, quelqu'un aussi a essayé de la sauver. C'est finalement possible ! Elle a raté sa vie en se croyant condamnée à rester avec un être indigne. Elle avait au moins l'excuse de l'ignorance. Anne, Karine, Mayline tenaient à leur malheur ? Ou je n'étais pas suffisamment BIEN pour les emmener sur mon cheval blanc ?

*

T. découvre et s'exclame *"elles t'ont aimé."* Oui... elles m'ont aimé. Elles m'ont aimé, auraient voulu m'Aimer for ever. Mais n'en étaient pas en état.
Aimé vraiment, finalement ? Amours ou simples attachements compulsionnels ?
Peuvent-elles guérir ? Sont-elles définitivement perdues ? Trop tard ? Je suis intervenu trop tard ? Elles s'étaient déjà laissées dériver jusqu'au point de non-retour ? Comme Anne ? Comme ce père ? Leurs forces vitales étaient déjà trop atteintes ? Qu'est-ce qui pourrait les

sauver ? Même pas leurs enfants ! Même pas l'Amour ! Elles. Elles si elles le voulaient vraiment. Je voudrais leur transmettre un peu d'énergie… J'essaye encore parfois…

*

Sans Karine, ce récit serait sûrement resté inachevé. Je l'ai aussi recontactée par nécessité littéraire. Des songes (ou plutôt : pensées persistantes !) me l'intimaient, d'autres ont ensuite dessiné un TGB, Très Grand Bonheur. Elle n'y apparaissait pas et j'ai cru sa présence évidente… au point de les lui raconter comme si cela la concernait. Elle y a cru aussi. Nous aurions pu rester ensemble et c'aurait été une triste fin de vie.

Comprendre le passé est aussi une grande leçon d'humilité : tout ceci fut vécu car Anne m'a aimé au-delà de l'Amour, en préférant sacrifier son grand rêve de nos nuits d'Amour pour ne pas me transmettre le sida dont elle se savait ou sentait atteinte.

Serrée contre moi, son *"je voudrais au moins faire vraiment l'Amour avant de mourir"* aurait pu n'être que romantisme gnangnan… Si tu savais Anne, ce que sont devenues les filles que tu enviais, celles qui ont eu des parents au moins respectables pour suivre leurs études, les protéger des conneries et des dealers. Elles écoutent Vincent Delerm ! Et s'inscrivent sur les sites internet pour se complaire dans la ratiocination de leur naufrage avec de vieilles connaissances aussi paumées et à peine reconnaissables…

Tu savais qu'il me faudrait des années avant d'écrire vraiment. *"Ton rêve d'écrivain est plus grand que mon rêve d'Amour";* maintenant je comprends toute la portée de cette phrase ; je ressentais alors surtout la pointe si significative de ton désir, la pointe de tes seins si fermes contre ma poitrine ; ah ton tee-shirt et ma chemise que

198

nous ne pouvions quand même pas retirer sur cette piste de danse où ton bourreau n'était jamais loin ; j'ai essayé de te sortir de la drogue mais tu avais raison, "*on s'est connu trop tard.*" Il est parfois trop tard. J'avais 25 ans, toi 19. Je suis devenu celui qui raconte. En 1999, je m'en doutais bien mais il me manquait "la preuve"; je l'ai cherchée ; ta tombe ; personne ne sait : j'ai pleuré dans un cimetière, pas celui où certaines surveillaient mon improbable passage. Je m'en suis sorti grâce à mes prédécesseurs, maintenant c'est mon tour : j'écris aussi pour celles et ceux qui chercheront une bouée faute de famille digne. Moi aussi on m'a conseillé de jeter mes rêves à la poubelle, être né du mauvais côté condamnait à vie, être mal parti c'est toujours s'engluer… Mais mon savoir, mon expérience, sont inutiles face à un mur, comme le mur de Mayline.

Mayline n'a pas souhaité lire ce récit. À ce mail elle a répondu ! Sans elle, il serait sûrement aussi resté inachevé. Version définitive qui ne l'était donc pas totalement…

Peut-être un roman autobiographique

Troisième partie

Le temps est notre bien le plus précieux
(…)
La majeure partie de l'existence se passe à mal faire, une grande part à ne rien faire et la totalité à faire tout autre chose que ce qu'il faudrait.
Sénèque

Version quasi définitive "longtemps" restée au fond d'un tiroir ; document en papier, dans une chemise rouge, et en numérique, sur un CD. Parfois j'y pensais, en souriant : tout cela a vraiment existé ? l'ai-je vraiment vécu ? j'en doute parfois ! l'enfant derrière le chêne n'aurait jamais pu imaginer courir aussi loin. Cette version était déjà dédiée à une Femme…

*

Un soir j'ai exhumé ce manuscrit : la nuit précédente je m'étais réveillé après un cauchemar ou un flash. Comme un appel de Karine. *"Pardon, mon Amour, j'ai tout raté."* Et plutôt que de s'arrêter au réveil, la vision avait défilé : Karine m'expliquait la rechute de sa glande thyroïde, la perte de l'enfant qu'elle portait *"j'en voulais et je n'en voulais pas"* mais aussi un résumé de son parcours dans une logorrhée à la James Redfield *"Séb appartient au groupe d'âmes démoniaques et dans chacune de mes venues sur terre, il a réussi à me détourner de l'Essentiel, à me détourner de Toi ; la fusion est le but de notre histoire pour atteindre une vision claire de la création et du futur…"* et elle ponctua par *"je sais que dans notre prochaine vie, toi et moi ça se réalisera."* Je me suis alors glacé à l'intérieur ; aucune douleur ; au contraire : la sensation d'emprises sur mon cerveau qui se débloquaient.
Le matin j'ai téléphoné à Paris, son bureau…

J'ai éprouvé le besoin du silence, de marcher seul dans la vallée... puis de parler à Mayline. Je croyais indispensable qu'elle sache, qu'elle en tire la conclusion qu'il est parfois trop tard. Le numéro de son portable était resté incrusté dans ma mémoire mais une voix m'indiqua : *"le numéro que vous avez demandé n'est plus en service actuellement..."* et sur le site des "copains d'avant" sa page n'était plus actualisée depuis des mois. C'est sur celle d'Alexandra que j'ai appris l'accident, son accident de voiture. Certes, bien que myope au même niveau que moi, elle refusait de porter des lunettes mais je n'ai pas cru au scénario d'un maudit hasard. J'ai pleuré. Et même si l'aveu à T. fut difficile il était indispensable : une illusion tenace survivait en moi.

Réactions...

C'est sur Amazon, versant boutique Kindle donc, que ce roman suscite le plus de ventes et réactions.

Un seul commentaire négatif... dont je me permets de douter de la totale honnêteté...

Le 25 avril 2013, "F.B" sous le titre "*Je n'ai pas accroché*" : "*J'ai acheté ce livre en me basant sur les commentaires mais je n'ai pas retrouvé les éléments qui m'ont poussé à acheter ce livre. Les critiques parlent d'émotion, d'immersion totale... Je n'ai eu ni l'un ni l'autre. J'ai été déçu par la forme d'écriture. J'essaierai peut-être d'autres écrits de cet auteur pour parfaire mon avis d'autant plus que le principe d'autoédition me plait. Au final, c'est un ouvrage assez particulier et un extrait de quelques pages aurait été intéressant pour se faire une idée avant d'acheter.*"

Certes, un lecteur peut ne pas accrocher... mais l'extrait de quelques pages est disponible sur Amazon !... Il s'agit du premier commentaire sur un livre de ce "F.B"... et "*le guide de l'auto-édition numérique*" apporte la preuve qu'il existe bien, parfois, des envies d'essayer de briser l'élan d'une oeuvre indépendante. Certes, pour ce guide, la situation semble plus grave puisque j'ai pu constater la suppression des bonnes critiques et qu'il m'a été signalé l'impossibilité de commenter favorablement ce document ! Pourquoi ? Peut-être parce qu'il explique clairement l'auto-édition, qui n'a pas été inventée par Amazon et ne se limite pas à l'utilisation de leur plateforme... J'espère être un jour en mesure d'obtenir des éclaircissements... Merci donc, si vous appréciez mes écrits, de l'écrire... d'en faire une copie d'écran et de m'envoyer le tout si l'appréciation venait à être supprimée...

Mais sur ce roman, les cinq autres avis me font presque rougir...

"Excellentissime !!" par Dan MARRON : *"Après avoir lu ces deux livres sur l'autoédition (que j'ai réellement apprécié), je me suis dis pourquoi pas son roman.*
Et là ! Surprise !! Un livre débordant de réalisme, avec quelques zestes d'humour enfin tout pour faire un très bon livre.
Mesdames messieurs, vous qui lirez peut-être ma critique, je vous engage à investir 1€99 sans hésiter.
Dan Marron."

"Excellent" par fiji : *"une surprise incroyable. A la recherche d'action à tout prix passez votre chemin, à la recherche d'une intelligence et d'une sensibilité indéfinissable c'est l'endroit où vous pouvez vous arrêter, pardon où vous devez vous arrêter."*

"Un romancier vraiment étonnant un roman passionnant" par Mlle Buisson : *"Stéphane Ternoise est ma découverte de l'année ! Quelle puissance de narration !*
Comme l'une des lectrices, je suis passé par ses essais sur l'édition numérique, et j'y ai découvert une vraie plume.
J'ai donc eu envie de ses romans... Et là, c'est le choc : une histoire qui pourrait être banale et ne m'a plus lachée.
Elle parle à ma vie.
Raconter "sa" vie est un exerce fréquent mais il ne s'agit pas d'une simple histoire "moi je "!

Il y a tout, la psychologie, les incertitudes, les échecs répétés avec les femmes...
Je suis moi également d'un autre age que l'auteur, je dois bien avoir 20 ans de moins ! Et pourtant, tout est actuel car intemporel... Je conseille vivement. Et je passe aux autres romans..."

"*Merci !*" par véro35 : "*Merci à Amazon de nous offrir de si bons romans à un tel prix, merci au lecteur ayant fait le premier commentaire, il m'a donné envie de découvrir cet auteur (compte tenu du prix, l'hésitation fut brève !) enfin Merci à Stéphane Ternoise d'avoir réussi à provoquer chez moi de telles émotions, ce n'est pas si fréquent ! Ce roman m'a mis KO ! Je l'ai dévoré ! Excellent ! LISEZ-LE, LISEZ-LE, LISEZ-LE, ne passez surtout pas à côté, jamais vous n'investirez aussi bien 99 centimes ! Je l'ai lu la semaine passée et j'en ai acquis d'autres depuis, immersion totale dans l'oeuvre de Stéphane Ternoise ! Un vrai bonheur !*
véro35"

Après sa lecture, Véronique m'avait contacté... et ensuite autorisé à reproduire sa longue et belle lettre :
http://www.ecrivain.pro/lectrice20120320.html

"*Immersion aussi...*" par Sei Lagon "*...Immersion totale dans les livres de Stéphane Ternoise. D'abord, les premiers sur les publications des livres numériques, puis après avoir remarqué la qualité de l'écriture et l'intelligence des conseils, je décide de passer au roman. Ce ROMAN. Et là, quelle émotion ! Je ne suis pas de la même génération, et pourtant, certaines situations... Enfin, il ne suffit pas de raconter une enfance, une vie tourmentée, pour être un écrivain, encore faut-il avoir du* *talent pour le faire. Et chez Mr Ternoise, le style est bien là. Je recommande !!! "*

Le suivant : Le roman de la Révolution Numérique...

4 ans pour en arriver à ce sixième roman...

Kader Terns, le *"météorite du livre numérique, disparu dans d'affreuses circonstances."* Un journaliste lotois osa même *"en découvrant un paradis insoupçonné, le charme sauvage et pittoresque de nos coteaux du Quercy, l'inclassable auteur du 9-3 ignorait les dangers du béton, qui guettent tout néo-rural souhaitant restaurer l'une de nos belles demeures abandonnées."*

Vos médias s'en délecteront bientôt : Kader fut broyé, son assassin présumé s'est suicidé, sa complice potentielle clame son innocence derrière les barreaux et moi, qui devais tenir le rôle peu glorieux du nègre de l'autobiographie du "jeune et talentueux écrivain choc de l'année 2011", j'hésite à la croire tout en redoutant de rapidement me retrouver soupçonné...

Dois-je laisser "éclater l'affaire" ou puis-je raconter comme j'en avais l'intention quand la version de l'accident me sembla aussi stupide qu'évidente ?

Mais tout ceci, c'était avant. Avant que tout s'accélère et m'aspire dans le tourbillon...

Un roman policier, un roman d'amour ?

Certes une intrigue policière, des morts, des meurtres, de la vengeance, des femmes, des hommes, des couples, des amants, des trahisons, Aubervilliers, le Quercy. Mais il s'agit d'un "véritable roman littéraire", bien plus exigeant que les textes habituellement classés en "romans policiers", qui plus est depuis la déferlante numérique...

Donc un roman susceptible d'intéresser un large public ou rester invisible faute de réel ancrage dans un genre précis ! Mon sixième roman, ès qualité d'écrivain toujours inconnu du grand public, indépendant par convictions depuis 1991.

Vie, gloire et disparition d'un OVNI de la littérature française, Kader Terns.
Il faut l'oser, le terme "littérature", dans son cas. Mais il fut tellement employé ! Littérature numérique, postmoderne, brute, d'après le roman, de banlieue, de tablettes, décomposée, rappée, bloguée, néo-impressionniste, irrésumable, dans toute sa cruauté...

Après son "incroyable succès", le petit caïd du 9-3 était descendu dans le Lot pour m'y rencontrer. Je devais rédiger ses mémoires, statut peu glorieux du nègre. Il faut bien bouffer ! Surtout quand on vit avec une femme qui se croit obligée d'envoyer cinq cents euros par mois à Djibouti. "*Comment je avoir été meilleure vente Amazon Kindle*", il tenait absolument à ce titre.
Ni lui ni moi, lors de cet entretien banal et bâclé, n'aurions pu imaginer que nos vieilles pierres, nos sentiers et notre calme s'incrustaient en lui au point qu'il revienne y restaurer une ruine. Nadège, il l'avait piégée, elle l'a suivi...

Je n'ai rien d'un enquêteur et c'est uniquement par sentiment de vengeance (peu honorable, oui, d'accord...) si j'ai cherché une sombre histoire derrière un stupide accident.

Nadège et le fils de Carlo ont avoué. Quand débutera le "grand procès", les médias se jetteront sur l'affaire, qu'ils ignorent totalement. Pauvre Kader, déjà oublié, forcément remplacé. "*Il a suscité de nombreuses vocations...*"

C'est tellement inattendu, insoupçonnable. Pas une fuite, même dans leur *Dépêche du Midi*. Eu égard à mon décisif apport, l'inspecteur se croit tenu de m'informer, naturellement en off. Peut-être uniquement car sa résidence secondaire n'est qu'à douze kilomètres. Si je laissais tranquillement faire, j'aurais sûrement droit à une légion d'honneur, avec au moins Christiane Taubira à Montcuq, peut-être même François Hollande. L'état, même socialiste, a besoin de héros ! Surtout dans le sud-ouest ! Ils sont tous tellement impressionnés par mon sens de la justice... je n'allais quand même pas leur raconter comment Carlo a bousillé mes dernières illusions d'Amour en 2010...

Machine judiciaire et univers médiatique m'en voudront sûrement de les devancer, en balançant les clés qu'ils auraient pris tellement de plaisir à dévoiler au compte-gouttes. Je suis écrivain. Qui plus est j'ai besoin d'écrire, après deux années de blocages, en lecture comme écriture. J'ai besoin de publier, faute d'une bourse d'écriture de la région. À chacun son boulot, son exutoire, son combat. Je suis sûrement plus doué pour raconter ma vie que pour la vivre... Un Amour béton... Lequel ? Amina et moi ? Nadège et Kader ? 19 jours Nadège et moi avons également pensé posséder la formule magique…

Enfin, c'est ce que j'ai cru, à un moment, encore récemment, quand ce récit était quasiment achevé. Mais tout va si vite, parfois.

Présentation :
http://www.romancier.org/roman2013.html

Stéphane Ternoise

Stéphane Ternoise est né en 1968. Il publie des livres depuis 1991. Il est depuis son premier livre éditeur indépendant.

Ses 14 premiers livres sont disponibles en papier dos carré collé.

Théâtre pour femmes, 2010

Ils ne sont pas intervenus (le livre des conséquences), roman, 2009

Théâtre peut-être complet, théâtre, 2008

Global 2006, romans, théâtre, 2007

Chansons trop éloignées des normes industrielles et autres Ternoise-non-autorisé, 2006

Théâtre de Ternoise et autres textes déterminés, 2005

La Faute à Souchon ?, roman, 2004

Amour - État du sentiment et perspectives, essai, 2003

Vive le Sud ! (Et la chanson... Et l'Amour...), théâtre, 2002

Chansons d'avant l'an 2000, 120 textes, 1999

Liberté, j'ignorais tant de Toi, roman, 1998

Assedic Blues, Bureaucrate ou Quelques centaines de francs par mois, essai, 1997

Arthur et Autres Aventures, nouvelles, 1992

Éternelle Tendresse, poésie, 1991

Versant numérique...

http://www.ecrivain.pro essaye d'être complet, avec un "blog" (je préfère l'expression "une partie des chroniques"). Mais il ne peut naturellement pas copier coller l'ensemble des textes présentés ailleurs.

En ebooks, mes principales publications peuvent se diviser en trois versants : romans, essais, pièces de théâtre (il existe aussi des recueils de chansons et des livres de photos de présentation du Sud-Ouest).

Comprendre le développement numérique de la littérature m'a permis d'obtenir les domaines :

http://www.romancier.net

Peut-être un roman autobiographique y est à la une. Ce sont les lectrices et lecteurs qui décident de la vie d'une œuvre. Ce roman bénéficie d'excellentes critiques, régulières... mais de ventes lentes ! Un roman sûrement plus difficile d'accès que la moyenne. Pour un lectorat exigeant. La formation d'un écrivain ? La résilience, passée par l'amour, les amours.

http://www.dramaturge.net

Mes pièces de théâtre sont désormais parfois jouées. Elles sont toutes disponibles en ebooks.

http://www.essayiste.net

Le monde de l'édition décrypté, comme dans *Écrivains, réveillez-vous ! - La loi 2012-287 du 1er mars 2012 et autres somnifères ou Le livre numérique, fils de l'auto-édition.* Mais également l'amour analysé dans une perspective stendhalienne avec création du concept de sérénamour, *Amour - état du sentiment et perspectives* et la politique nationale, ses grandes tendances, ses personnages principaux...

Les 4 meilleures ventes d'un écrivain indépendant...

Ecrivain engagé dans le numérique, militant de l'ebook, c'est sur Amazon que se concrétisent mes meilleures ventes.

Elles sont présentées page
http://www.ecrivain.pro/meilleuresventes20120712.html

1) *Peut-être un roman autobiographique*

2) *Le guide de l'auto-édition numérique en France (Publier et vendre des ebooks en autopublication)* (édition actualisée du 22 février 2012)
Il s'est (logiquement) imposé comme LA référence. Malgré certains critiques (bizarrement d'amis d'auteurs qui proposent un guide concurrent !) je suis, quand même, le seul auteur pouvant s'appuyer sur vingt années d'expérience de l'auto-édition, de l'indépendance souhaitée.

3) *Le livre numérique, fils de l'auto-édition*
Une compréhension de la révolution du livre numérique, inscrite dans l'auto-édition historique qui n'est jamais parvenue à briser les barrières mises en place devant les médias pour que ne puissent être vues les œuvres indépendantes.

4) *Comment devenir écrivain ? Être écrivain ! (Écrire est-ce un vrai métier ? Une vocation ? Quelle formation ?...)*

Tout écrivain en herbe se doit de lire cette approche publiée fin juin 2012... Les lectrices et lecteurs qui souhaitent "comprendre" un écrivain peuvent naturellement s'y confronter !

Catalogue numérique :

Romans : (http://www.romancier.net)
Ils ne sont pas intervenus (le livre des conséquences) également en version numérique sous le titre Peut-être un roman autobiographique
La Faute à Souchon ? également en version numérique sous le titre Le roman du show-biz et de la sagesse (Même les dolmens se brisent)
Liberté, j'ignorais tant de Toi également en version numérique sous le titre Libertés d'avant l'an 2000)
Viré, viré, viré, même viré du Rmi
Quand les familles sans toit sont entrées dans les maisons fermées
Ebook : trois romans pour le prix d'un livre de poche

Théâtre : (http://www.theatre.wf)
Théâtre peut-être complet
La baguette magique et les philosophes
Quatre ou cinq femmes attendent la star
Avant les élections présidentielles
Les secrets de maître Pierre, notaire de campagne
Deux sœurs et un contrôle fiscal
Ça magouille aux assurances
Pourquoi est-il venu ?
Amour, sud et chansons
Blaise Pascal serait webmaster
Aventures d'écrivains régionaux
Trois femmes et un amour
La fille aux 200 doudous et autres pièces de théâtre pour enfants
"Révélations" sur "les apparitions d'Astaffort" Jacques Brel / Francis Cabrel (les secrets de la grotte Mariette)

Théâtre 7 femmes 7 comédiennes - Deux pièces contemporaines
Théâtre pour femmes
Pièces de théâtre pour 8 femmes
Onze femmes et la star

Ebook pas cher : 15 pièces du théâtre contemporain pour le prix d'un livre de poche

Photos : (http://www.france.wf)
Montcuq, le village lotois
Cahors, des pierres et des hommes. Photos et commentaires
Limogne-en-Quercy Calvignac la route des dolmens et gariottes
Saint-Cirq-Lapopie, le plus beau village de France ?
Saillac village du Lot
Limogne-en-Quercy cinq monuments historiques cinq dolmens
Beauregard, Dolmens Gariottes Château de Marsa et autres merveilles lotoises
Villeneuve-sur-Lot, des monuments historiques, un salon du livre... -Photos, histoires et opinions
Henri Martin du musée Henri-Martin de Cahors - Avec visite de Labastide-du-Vert et Saint-Cirq-Lapopie sur les traces du peintre

Livres d'artiste (http://www.quercy.pro)
Quercy : l'harmonie du hasard - Livre d'artiste 100% numérique

Essais : (http://www.essayiste.net)
Le manifeste de l'auto-édition - Manifeste politico-littéraire pour la reconnaissance des écrivains indépendants et une saine concurrence entre les différentes formes d'édition
Écrivains, réveillez-vous ! - La loi 2012-287 du 1er mars 2012 et autres somnifères
Le livre numérique, fils de l'auto-édition
Aurélie Filippetti, Antoine Gallimard et les subventions contre l'auto-édition - Les coulisses de l'édition française révélées aux lectrices, lecteurs et jeunes écrivains
Le guide de l'auto-édition numérique en France
(Publier et vendre des ebooks en autopublication)
Réponses à monsieur Frédéric Beigbeder au sujet du Livre Numérique (Écrivains= moutons tondus ?)
Comment devenir écrivain ? Être écrivain !
(Écrire est-ce un vrai métier ? Une vocation ? Quelle formation ?...)
Copie privée, droit de prêt en bibliothèque : vous payez, nous ne touchons pas un centime - Quand la France organise la marginalisation des écrivains indépendants
Ebook de l'Amour
Amour - état du sentiment et perspectives

Chansons : (http://www.parolier.info)
Chansons trop éloignées des normes industrielles
Chansons vertes et autres textes engagés
68 chansons d'Amour - Textes de chansons
Chansons d'avant l'an 2000
Parodies de chansons
De Renaud à Cabrel En passant par Cloclo et Jacques Brel

Chti : (http://www.chti.es)
Canchons et cafougnettes (Ternoise chti)
Elle tiote aux deux chints doudous (théâtre)

Politique : (http://www.commentaire.info)
Ce François Hollande qui peut encore gagner le 6 mai 2012 ne le mérite pas (Un Parti Socialiste non réformé au pays du quinquennat déplorable de Nicolas Sarkozy)
Nicolas Sarkozy : sketchs et Parodies de chansons
Bernadette et Jacques Chirac vus du Lot - Chansons théâtre textes lotois
Affaire Ségolène Royal - Olivier Falorni Ce qu'il faut en retenir pour l'Histoire - Un écrivain engagé, un observateur indépendant
François Fillon, persuadé qu'il aurait battu François Hollande en 2012, qu'il le battra en 2017 (?)

Autres :
La disparition du père Noël et autres contes
J'écris aussi des sketchs
Vive les poules municipales... et les poulets municipaux - Réduire le volume des déchets alimentaires et manger des oeufs de qualité
La trahison des morts : les concessions à perpétuité discrètement récupérées - Cahors, à l'ombre des remparts médiévaux, les vieux morts doivent laisser la place aux jeunes...

Œuvres traduites :

La fille aux 200 doudous :
The Teddy (Bear) Whisperer
Das Mädchen mit den 200 Schmusetieren

Le lion l'autruche et le renard :
The Lion, the Ostrich and the Fox

Mertilou prépare l'été
The Blackbird's Secret

Catalogue complet des ebooks de Stéphane Ternoise sur
http://www.ecrivain.in ou sur les plateformes qui le
distribuent.

Table...

Mentions légales

Tous droits de traduction, de reproduction, d'utilisation, d'interprétation et d'adaptation réservés pour tous pays, pour toutes planètes, pour tous univers.

Site officiel : http://www.ecrivain.pro

ISBN 978-2-36541-401-2
EAN 9782365414012
Peut-être un roman autobiographique de Stéphane Ternoise
© Jean-Luc PETIT - BP 17 - 46800 Montcuq - France
8 septembre 2013